Laurent Godbout

chef Chez L'Épicier

Photographie : Tango
Styliste accessoiriste : Luce Meunier

Révision et correction : Linda Nantel et Monique Richard
Conception de la maquette : Jean-François Lejeune
Infographie : Manon Léveillé
Traitement des images : Mélanie Sabourin
Coordination à la production : Diane Denoncourt

Catalogage avant publication de Bibliothèque et Archives Canada

Godbout, Laurent

Laurent Godbout, chef Chez L'Épicier

(Tout un chef !)

1. Cuisine. I. Titre. II. Collection.

TX714.G62 203   641.5   C2003-941685-2

Pour en savoir davantage sur nos publications,
visitez notre site : **www.edhomme.com**
Autres sites à visiter : www.edjour.com
• www.edtypo.com • www.edvlb.com
www.edhexagone.com • www.edutilis.com

11-2004

DISTRIBUTEURS EXCLUSIFS :

• Pour le Canada et les États-Unis :
MESSAGERIES ADP*
955, rue Amherst
Montréal, Québec H2L 3K4
Tél.: (514) 523-1182
Télécopieur: (514) 939-0406
* Filiale de Sogides ltée

• Pour la France et les autres pays :
INTERFORUM
Immeuble Paryseine, 3, Allée de la Seine
94854 Ivry Cedex
Tél.: 01 49 59 11 89/91
Télécopieur: 01 49 59 11 96
Commandes : Tél. : 02 38 32 71 00
                          Télécopieur: 02 38 32 71 28

• Pour la Suisse :
INTERFORUM SUISSE
Case postale 69 - 1701 Fribourg - Suisse
Tél.: (41-26) 460-80-60
Télécopieur: (41-26) 460-80-68
Internet : www.havas.ch
Email : office@havas.ch
DISTRIBUTION : OLF SA
Z.I. 3, Corminbœuf
Case postale 1061
CH-1701 FRIBOURG
Commandes : Tél. : (41-26) 467-53-33
                          Télécopieur : (41-26) 467-54-66
                          Email : commande@ofl.ch

• Pour la Belgique et le Luxembourg :
INTERFORUM BENELUX
Boulevard de l'Europe 117
B-1301 Wavre
Tél. : (010) 42-03-20
Télécopieur: (010) 41-20-24
http ://www.vups.be
Email : info@vups.be

Gouvernement du Québec – Programme de crédit d'impôt pour l'édition de
livres – Gestion SODEC – www.sodec.gouv.qc.ca

L'Éditeur bénéficie du soutien de la Société de développement des entreprises
culturelles du Québec pour son programme d'édition.

Nous reconnaissons l'aide financière du gouvernement du Canada par l'en-
tremise du Programme d'aide au développement de l'industrie de l'édition
(PADIÉ) pour nos activités d'édition.

tout un chef !

Laurent Godbout

chef Chez L'Épicier

LES ÉDITIONS DE
L'HOMME

Vivre pour manger ou manger pour vivre est une question à laquelle bon nombre de gourmets peuvent aisément répondre. Pour ceux qui affectionnent particulièrement la nourriture et l'art de vivre, cela devient même parfois une douce dépendance... C'est vrai, j'aime bien manger. J'aime surtout goûter. À vrai dire, j'apprécie particulièrement la singularité des plats et des cuisines. Ma petite vie gourmande, comme celle de bien d'autres, pourrait, vue du ciel, n'avoir l'air que d'une succession de repas au cours desquels les saveurs se succèdent et ne se ressemblent pas. Au fil de ces repas bien arrosés, j'ai eu le grand bonheur de rencontrer de nombreux chefs cuisiniers. N'étant pas un cuisinier moi-même, je voue un véritable culte à ces esprits créatifs et sensibles qui s'affairent à transformer notre quotidien culinaire en des moments de pur plaisir.

Étrangement, j'ai rencontré Laurent Godbout comme on rencontre bien des cuisiniers : rapidement, dans un restaurant, à la fin d'un repas. Derrière ses boucles blondes, il semblait dissimuler un talent, une

RESTAURANT
CHEZ L'ÉPICIER
Nº 311
ST-PAUL EST
MTL
ET BAR À VIN

personnalité... et une foule d'idées culinaires.
À première vue, il m'apparaissait comme un
autre cuisinier, à la fois passionné et troublé
par sa cuisine. Toutefois, après quelques échanges,
c'est plutôt sa vision de la cuisine,
ô combien singulière, qui, comme un bon vin,
a marqué mon esprit. Chef propriétaire, Laurent
Godbout défend avec ferveur ses intentions
gastronomiques : faire plaisir à qui s'attable chez lui
tout en offrant un style non orthodoxe. Ce n'est pas
un cuisinier qui mise sur le tape-à-l'œil, même si
pour lui la présentation est importante,
ni un cuisinier en manque d'attention. C'est
plutôt un cuisinier d'intention, mais jamais
un gourmand sans principe.

Laurent Godbout est une jeune étoile montante
de la restauration québécoise. Âgé de 32 ans,
il a travaillé dans une quinzaine de restaurants
prestigieux du Québec dont l'Auberge Hatley
et l'Auberge des Trois Tilleuls, toutes deux
renommées sur le plan international et membres du
réseau des Relais & Châteaux. Il a aussi remporté
plusieurs prix lors de concours culinaires.

Heureux chef propriétaire du restaurant Chez L'Épicier situé dans le Vieux-Montréal, Laurent Godbout, qui possède une imagination inépuisable, réinvente constamment la cuisine gastronomique. «En fait, j'essaie de provoquer de belles et savoureuses rencontres dans l'assiette», dira-t-il avec une certaine timidité qui fait état d'une nature réservée sans toutefois dissimuler la passion du métier qui illumine son visage dès qu'il parle de cuisine. Et lorsqu'on lui demande de définir son style, la réponse jaillit, sans équivoque: «Je fais une cuisine de plaisir, du divertissement culinaire en quelque sorte.»

Laissant les grands principes à d'autres, il privilégie d'abord et avant tout une approche ludique, et explore toutes les facettes de la gastronomie actuelle. «Je pense que je fais une cuisine assez simple, mais une cuisine de saveurs. Je crois que c'est mon côté créatif qui prime.» Mais il faut entendre les mots gourmands avec lesquels il parle de Suprêmes de pintade farcis à la mangue, de Mijoté de saumon à la moutarde violette et à la menthe fraîche, de Tatin d'agneau du Québec aux endives caramélisées ou de Mille-feuille de litchis et de fraises au chocolat blanc pour comprendre cette passion qui l'anime et qu'il sait rendre communicative, tant dans le discours que dans l'assiette.

C'est ce que l'on retrouve également en ouvrant la porte de Chez L'Épicier : un lieu habité dont l'apparente simplicité a le naturel des choses évidentes. «On voulait créer un endroit convivial, où les gens se sentiraient chez eux», souligne le chef. «Ici, on ne joue pas la carte à l'ancienne à tout prix, pas plus qu'on n'affiche une modernité obligatoire, le passé et l'avenir se conjuguent pour mieux servir le présent.» Sur chaque table, un citron ornemental suggère l'épure nipponne, tandis que chaque bouteille d'eau, ancien contenant de lait en verre, rappelle les origines rurales québécoises.

Pourtant, lui-même n'aurait pu présager une telle réussite lors de son choix de carrière. En effet, alors âgé de 16 ans, l'adolescent originaire de la région du Lac-Mégantic a joué son avenir à pile ou face en choisissant entre la menuiserie et la cuisine. À l'instar de nombreux chefs à travers le monde, rien ne

prédisposait le jeune homme à faire des plaisirs de la table la vocation de toute une vie.

«Ma mère faisait la cuisine comme toutes les mères, se souvient-il, mais personne dans ma famille n'était dans le milieu de la restauration. Je n'avais donc qu'une vague idée de ce que c'était, mais j'ignorais surtout le très grand nombre d'heures de travail qu'exige ce domaine!» Aucun regret dans son ton de voix cependant, au contraire, son amour du métier est palpable à chaque mot. Il est fier de sa réussite et de l'équipe qui l'accompagne dans la poursuite et la réalisation de son rêve.

Et puisque rien ne l'arrête, il a récemment mis en marché une gamme de produits maison portant la marque de L'Épicier, comme des sirops d'érable parfumés à différentes saveurs, ou des vinaigres à l'érable ainsi qu'au gingembre. De plus, il offre des huiles et des vinaigrettes comme lui seul sait les faire. Et pourquoi pas des guimauves maison…?

Qui sait ce que cet homme nous réserve dans l'avenir? Mais parions que lui y travaille déjà.

En ce moment même, d'ailleurs, il est sans
doute en train de créer quelque chose d'inattendu.
Et c'est bien là le véritable Laurent Godbout,
tel que son entourage le connaît. Un homme
autour duquel gravitent le hasard, la gourmandise,
la curiosité, les principes et… l'inattendu. Le tout
bien arrosé d'une généreuse envie de partager.

Laurent Godbout, le cuisinier, l'homme d'affaires,
le père de famille et le gourmet, vous offre son
premier livre de recettes. Il met à votre portée
une quinzaine d'années de recherche et
d'expérience gastronomique, et partage une
passion qui fait appel aux cinq sens ou presque :
en effet, une fois que vous aurez touché, vu,
senti et goûté à l'un de ses 65 délices, il n'est
pas impossible qu'une petite musique divine
se fasse entendre au creux de votre oreille…

En toute amitié, le voici vraiment, le Laurent
Godbout que je connais. Et ce livre, aussi
gourmand qu'il puisse être, s'avère pour moi
un véritable cadeau, un feuilleté de folies donnant
lieu à des hasards heureux. Car pour Laurent
Godbout, c'est le moment qui compte.

FRÉDÉRIC BLAISE

RESTAURANT

CHEZ L'ÉPICIER
Nº311
ST-PAUL EST
MTL
ET BAR À VIN

Bouillon de légumes épicé et pickles de concombre

4 portions

Vous pouvez vous procurer la citronnelle, les feuilles de lime, la pâte de crevette et la sauce de poisson dans les épiceries asiatiques. Le galanga est un gros rhizome noueux souvent utilisé dans la cuisine thaïlandaise et indonésienne. Son goût piquant permet de le substituer au gingembre dans de nombreuses recettes.

Bouillon : Décortiquer les crevettes en prenant soin de garder les carapaces et réserver dans le réfrigérateur. Chauffer l'huile dans une casserole. Ajouter les carapaces, les légumes et la citronnelle. Faire suer le tout à feu vif en remuant constamment. Ajouter par la suite la pâte de crevette, les feuilles de lime, la coriandre et le gingembre. Verser le vin, la sauce de poisson et le bouillon. Laisser mijoter 30 min. Filtrer. Rectifier l'assaisonnement en ajoutant du chili si le bouillon n'est pas assez épicé ou du bouillon de volaille s'il l'est trop. Réserver.

Pickles : Couper le concombre en deux sur la longueur et enlever les graines à l'aide d'une cuillère avant de le découper en bâtonnets. Faire bouillir le vinaigre, le sucre et le chili. Lorsque le liquide est refroidi, ajouter les concombres et laisser mariner dans le réfrigérateur.

Galettes : Mettre les légumes dans un bol. Passer les crevettes, l'œuf, la farine et la crème 40 sec dans le mélangeur pour obtenir un hachis. Verser sur les légumes. Ajouter le cayenne, la coriandre, le sel et le poivre et bien remuer. Façonner des galettes et conserver 30 min dans le congélateur.

INGRÉDIENTS

BOUILLON

- Carapaces des crevettes utilisées pour les galettes
- 1 c. à soupe d'huile
- 70 g (1/3 tasse) de carottes en fines rondelles
- 1/2 c. à café (1/2 c. à thé) de piment chili en fines rondelles
- 50 g (1/4 tasse) d'oignons en fines rondelles
- 1 branche de céleri en fines rondelles
- 50 g (1/4 tasse) de poireaux en fines rondelles
- 1 bâton de citronnelle en fines rondelles
- 80 g (1/3 tasse) de pâte de crevette
- 5 feuilles de lime (citron vert)
- 1/2 bouquet de coriandre
- 1 c. à café (1 c. à thé) de gingembre frais émincé
- 75 ml (1/3 tasse) de vin blanc
- 1 c. à café (1 c. à thé) de sauce de poisson
- 1 litre (4 tasses) de bouillon de volaille

PICKLES

- 1 concombre anglais pelé
- 60 ml (1/4 tasse) de vinaigre blanc
- 60 g (1/4 tasse) de sucre
- 1 pointe de chili frais

GALETTES

- 1 c. à soupe d'oignons verts
  en petits morceaux
- 1 c. à soupe d'oignons rouges
  en petits morceaux
- 1 c. à soupe de poivrons verts
  en petits morceaux
- 1 c. à soupe de poivrons rouges
  en petits morceaux
- 16 crevettes (26 à 30 par kg)
- 1 jaune d'œuf
- 1 c. à café (1 c. à thé) de farine
- 1 c. à soupe de crème épaisse (35 %)
- 1 c. à café (1 c. à thé) de cayenne
- 1 c. à soupe de coriandre fraîche hachée
- Sel et poivre fraîchement moulu

PANURE

- 60 g (⅓ tasse) de farine
- 1 œuf
- 75 ml (⅓ tasse) de lait
- 80 g (⅔ tasse) de graines de sésame
  blanches
- Huile à friture

Panure : Mettre la farine dans un bol moyen, l'œuf et le lait dans un deuxième bol puis les graines de sésame dans un troisième. Passer les galettes dans la farine, les tremper ensuite dans l'œuf et les enrober finalement de sésame. Réserver dans le réfrigérateur. Faire chauffer une friteuse domestique à 180 °C (350 °F) et y faire cuire les galettes de 8 à 10 min. (Si on n'a pas de friteuse, on peut les poêler et terminer la cuisson au four à 180 °C (350 °F) pendant 8 min.)

Dressage : Chauffer le bouillon très chaud. Servir chaque portion avec une galette de crevette et des pickles.

Crème de maïs à l'huile de homard

4 portions

Vous pouvez remplacer le maïs par des patates douces pour créer une autre recette originale.

Crème de maïs : Dans une casserole moyenne, faire fondre le beurre à feu vif jusqu'à légère coloration. Ajouter les oignons, baisser le feu à intensité moyenne et faire revenir jusqu'à ce qu'ils commencent à rissoler. Ajouter le maïs et faire suer 2 min. Ajouter le bouillon et laisser mijoter 10 min. Passer au mélangeur à grande vitesse. Filtrer au chinois pour enlever la pelure du maïs. Remettre la soupe dans la casserole. Ajouter la crème, le curcuma, le sel et le poivre.

Huile de homard : Séparer la carcasse de la chair des homards. Faire sécher la carcasse au four à 120 °C (250 °F). Mettre la carcasse séchée dans une casserole placée sur le feu et ajouter l'huile. À l'aide d'un thermomètre, maintenir la température de l'huile à 27 °C (80 °F) pendant 1 h. Filtrer l'huile dans un filtre à huile ou à café.

Garniture : Dans une poêle, faire fondre le beurre à feu vif jusqu'à légère coloration. Ajouter les oignons verts et remuer 2 min. Ajouter les tomates et remuer 1 min. Ajouter l'huile de homard et retirer du feu.

Dressage : Servir la crème de maïs dans des bols chauds. Mettre 1 c. à soupe de garniture au centre et un filet d'huile de homard autour.

INGRÉDIENTS

CRÈME DE MAÏS
- 1 c. à café (1 c. à thé) de beurre
- 1 oignon émincé
- 380 g (2 tasses) de maïs
- 250 ml (1 tasse) de bouillon de volaille
- 60 ml (¼ tasse) de crème
- 1 c. à café (1 c. à thé) de curcuma
- Sel et poivre

HUILE DE HOMARD
- 2 coffres de homards cuits
- 200 ml (¾ tasse + 1 c. à soupe) d'huile de canola

GARNITURE
- 1 c. à café (1 c. à thé) de beurre
- 2 c. à soupe d'oignons verts ciselés
- 45 g (¼ tasse) de tomate en dés
- 60 ml (¼ tasse) d'huile de homard

Purée de chou-fleur, beurre noisette, salade d'orange et de haricots fins

4 portions

PURÉE DE CHOU-FLEUR

- 60 g (¼ tasse) de beurre non salé
- 1 oignon moyen en dés
- 1 petit chou-fleur en dés
- 500 ml (2 tasses) de bouillon de volaille
- 75 ml (⅓ tasse) de crème épaisse (35 %)
- Sel et poivre

SALADE D'ORANGE ET DE HARICOTS FINS

- 1 orange
- 80 g (⅓ tasse) de sucre
- 1 c. à café (1 c. à thé) d'eau
- ½ c. à café (½ c. à thé) de gingembre frais haché
- 16 haricots fins coupés en deux sur la longueur et la largeur

Si vous souhaitez diminuer le taux de cholestérol, vous pouvez omettre le beurre noisette.

Purée de chou-fleur : Dans une casserole moyenne, faire fondre 1 c. à soupe de beurre à feu vif jusqu'à légère coloration. Ajouter les oignons et baisser le feu à intensité moyenne. Faire revenir jusqu'à ce qu'ils commencent à rissoler. Ajouter le chou-fleur et faire suer 2 min. Ajouter le bouillon et laisser mijoter environ 20 min. Passer au mélangeur à grande vitesse puis remettre dans la casserole. Ajouter la crème. Dans une autre poêle, chauffer le reste du beurre jusqu'à coloration noisette et verser dans la purée. Remuer, goûter et rectifier l'assaisonnement au besoin.

Salade d'orange et de haricots fins : Peler l'orange à vif et faire des suprêmes à l'aide d'un couteau entre chaque membrane. Réserver dans un bol et bien presser la partie restante pour extraire le maximum de jus. Verser le sucre et l'eau dans une casserole et chauffer à feu vif pour obtenir un caramel. Lorsque celui-ci commence à se colorer, ajouter les suprêmes d'orange et leur jus. Laisser mijoter 2 min. Ajouter le gingembre et les haricots et bien remuer.

Dressage : Verser la purée dans des bols chauds et garnir avec quelques cuillerées de salade et de caramel.

Pulpe d'aubergine crémée, roulade de saumon fumé et fromage cottage au cari

4 portions

Vous pouvez servir ce potage froid pendant l'été.

Pulpe : Envelopper l'aubergine dans du papier d'aluminium et la mettre 30 min au four à 200 °C (400 °F). Pendant ce temps, faire fondre le beurre dans une casserole. Ajouter les oignons et faire revenir légèrement pendant 2 min. Ajouter la farine et bien remuer. Verser le bouillon et la crème. Amener à ébullition et cuire 20 min. Passer au mélangeur et remettre de nouveau dans la casserole. À l'aide d'une cuillère, retirer la chair de l'aubergine et la déposer dans le potage. Broyer l'aubergine vigoureusement à l'aide d'un fouet afin qu'il ne reste que des morceaux d'environ 1 à 2 cm (½ à ¾ po). Réserver au chaud.

Roulade de saumon fumé : Faire revenir les oignons dans le beurre 3 min à feu moyen. Verser dans un bol. Ajouter le fromage, l'aneth, le sel et le poivre et remuer. Étendre ce mélange sur les tranches de saumon et rouler en forme de boudin. Découper en 4 rondelles.

Dressage : Mélanger l'huile d'olive et le cari. Verser le potage dans des bols et déposer une tranche de roulade dans chacun. Aromatiser avec l'huile au cari et servir.

PULPE
- 1 aubergine moyenne
- 2 c. à soupe de beurre
- 50 g (¼ tasse) d'oignons moyens en dés
- 2 c. à soupe de farine
- 1 litre (4 tasses) de bouillon de volaille
- 75 ml (⅓ tasse) de crème épaisse (35 %)

ROULADE DE SAUMON FUMÉ
- 1 c. à soupe d'oignons rouges en brunoise
- 1 noix de beurre
- 75 ml (⅓ tasse) de fromage cottage
- 1 c. à café (1 c. à thé) d'aneth frais haché
- Sel et poivre fraîchement moulu
- 4 grandes tranches de saumon fumé

DRESSAGE
- 2 c. à soupe d'huile d'olive
- ¼ c. à café (¼ c. à thé) de cari de Madras

Crème d'oignon caramélisé au vieux cheddar, croûtons au beurre d'anchois

4 portions

CRÈME

- 6 oignons épluchés et émincés
- 2 c. à soupe de beurre
- 75 ml (⅓ tasse) de porto
- 500 ml (2 tasses) de fond de veau
- 75 ml (⅓ tasse) de crème épaisse (35 %)
- Sel et poivre fraîchement moulu

CROÛTONS

- 1 baguette de blé entier
- 60 g (¼ tasse) de beurre non salé
- 6 filets d'anchois
- 2 c. à café (2 c. à thé) de persil frais

DRESSAGE

- Vieux cheddar râpé

Vous pouvez préparer davantage de potage et le conserver dans le congélateur pendant cinq mois. Pensez à faire plus de croûtons, on vous en redemandera. S'il reste du beurre aux anchois et au persil, vous pouvez le conserver jusqu'à deux mois dans le réfrigérateur dans un contenant hermétique. Conseillez à vos invités de mélanger le fromage à la cuillère, puis de déguster la crème d'oignon en même temps qu'une bouchée de croûton.

Crème : Dans une casserole, faire revenir les oignons dans le beurre jusqu'à ce qu'ils soient colorés sans être rôtis. Ajouter le porto et laisser mijoter 1 min. Ajouter le fond de veau et la crème. Cuire 20 min à feu moyen. Remuer souvent pour ne pas qu'ils collent au fond. Réduire le potage en crème bien lisse au mélangeur. Passer au tamis. Rectifier l'assaisonnement au besoin. Réserver.

Croûtons : À l'aide d'un couteau denté, couper en biais 4 tranches de baguette de 1 cm (½ po) d'épaisseur. Allumer le four à 200 °C (400 °F). Ramollir le beurre dans le robot de cuisine pendant 1 min. Ajouter les anchois et le persil puis remettre en marche 1 min de plus. Tartiner les tranches de pain avec un peu de ce beurre. Poser les croûtons sur une plaque. Cuire au four sur la grille du milieu environ 7 min, jusqu'à légère coloration.

Dressage : Verser le potage bien chaud dans des bols. Ajouter le fromage râpé au milieu. Poser le croûton par-dessus et servir.

Velouté de courge giraumon, purée de marron à la cannelle et mascarpone liquide

4 portions

Vous pouvez vous procurer de la purée de marron sans sucre toute prête en conserve.

Velouté : Faire revenir le beurre dans une casserole. Ajouter les oignons et faire suer 2 min. Ajouter la courge. Verser le bouillon et la crème. Cuire environ 30 min. Passer au mélangeur et réserver.

Purée de marron : Préchauffer le four à 230 °C (450 °F). Faire une incision à l'aide d'un couteau sur toute la longueur des marrons. Mettre au four environ 15 min, jusqu'à ce qu'ils soient tous ouverts, en vérifiant la cuisson de temps à autre. Laisser refroidir à la température ambiante avant de les éplucher. Passer les marrons au robot de cuisine avec le beurre, le sel, le poivre et la cannelle pour obtenir une purée lisse. Réserver.

Ravioli : Faire bouillir la crème. Ajouter le mascarpone et remuer. Réfrigérer 15 min. Étendre 4 feuilles de dumpling sur la table. Mettre ½ c. à soupe de mascarpone au centre de chacune. Badigeonner le tour de jaune d'œuf. Déposer une autre feuille de dumpling par-dessus. Bien sceller les bords et réserver.

Avant de servir : Faire bouillir de l'eau et pocher les raviolis de mascarpone 3 min. Chauffer le velouté et le couler dans des bols. Chauffer la purée 1 min au four à micro-ondes et en mettre 1 c. à soupe dans chacun. Ajouter le ravioli et servir.

PRÉPARATION

INGRÉDIENTS

VELOUTÉ
- 1 c. à soupe de beurre
- 1 oignon émincé
- 400 g (2 tasses) de chair de courge giraumon pelée et coupée en dés
- 750 ml (3 tasses) de bouillon de volaille
- 125 ml (½ tasse) de crème épaisse (35 %)

PURÉE DE MARRON
- 12 marrons
- 1 c. à soupe de beurre
- Sel et poivre fraîchement moulu
- Une pointe de cannelle

RAVIOLI
- 1 c. à soupe de crème épaisse (35 %)
- 2 c. à soupe de mascarpone
- 8 pâtes à dumplings
- 1 jaune d'œuf

RESTAURANT

CHEZ L'ÉPICIER

Nº311

ST-PAUL EST
MTL

ET BAR À VIN

César de concombre aux croûtons
de fromage feta et aux haricots noirs

4 portions

**Vous pouvez remplacer les croûtons de feta par
des fondues parmesan miniatures.**

Croûtons de feta : Paner les cubes de feta à la farine de maïs et réserver.

Vinaigrette : Mélanger tous les ingrédients (sauf l'huile de canola) 1 min au
mélangeur. Verser doucement l'huile de canola en filet pour obtenir une
sauce crémeuse de type mayonnaise.

Dressage : Couper la laitue en morceaux. Cuire les haricots noirs 20 min à
l'eau bouillante salée. Égoutter et refroidir. Faire frire les croûtons de feta
dans l'huile environ 1 min. Mélanger la laitue et les concombres avec un
peu de vinaigrette. Poser au centre de l'assiette et garnir de croûtons
chauds et de haricots noirs.

INGRÉDIENTS

CROÛTONS DE FETA
- 75 g (¼ tasse) de feta en cubes de 1 cm (½ po)
- 60 g (⅓ tasse) de farine de maïs

VINAIGRETTE
- 1 jaune d'œuf
- 1 c. à café (1 c. à thé) de câpres
- 1 c. à café (1 c. à thé) de persil
- 2 c. à café (2 c. à thé) de jus de citron
- 3 anchois
- 1 c. à soupe de parmesan
- ½ c. à café (½ c. à thé) d'ail haché
- 3 gouttes de sauce Worcestershire
- 1 goutte de tabasco
- Poivre
- 1 c. à soupe de moutarde de Dijon
- 300 ml (1 ¼ tasse) d'huile de canola

DRESSAGE
- 4 feuilles de laitue romaine bien lavées
- 50 g (¼ tasse) de doliques à œil noir
- 1 litre (4 tasses) d'eau
- 1 c. à café (1 c. à thé) de sel
- Huile à friture
- 1 concombre coupé en fines tranches
  sur la longueur

Salade tiède de légumes, pancetta, pignons et pesto à la tomme de chèvre

4 portions

**Faites de plus grosses portions pour faire de cette recette
un plat principal plutôt qu'un plat d'accompagnement.**

Pesto : Mélanger tous les ingrédients dans le robot de cuisine pour obtenir un pesto lisse. Réserver dans le réfrigérateur.

Salade : Blanchir les oignons, les carottes, le brocoli, les poivrons et les pommes de terre à l'eau bouillante salée de 7 à 8 min. Cuire la pancetta au four à 190 °C (375 °F) sur du papier sulfurisé jusqu'à ce qu'elle soit bien croustillante. Déposer sur du papier pour enlever le surplus de gras.

Vinaigrette : Broyer tous les ingrédients 1 min au mélangeur et réserver.

Dressage : Chauffer une poêle à feu vif avec un peu d'huile d'olive extravierge. Faire rôtir les légumes à feu moyen 6 min. Ajouter la pancetta et cuire 2 min de plus. Pendant ce temps, assaisonner le mesclun avec un peu de vinaigrette et servir dans des bols individuels. Remuer souvent les légumes pour éviter qu'ils ne brûlent. Ajouter les pignons. Déglacer avec une bonne cuillerée de pesto et 2 c. à soupe de vinaigrette. Bien remuer. Étendre le fromage de chèvre sur le mesclun et couvrir avec les légumes bien chauds.

PESTO
- 1 bouquet de basilic
- 1 gousse d'ail
- 125 ml (½ tasse) d'huile d'olive
- 2 c. à soupe de parmesan
- 2 c. à soupe de jus de lime (citron vert)
- 2 c. à soupe de pignons grillés

SALADE
- 12 oignons cippolinis épluchés
- 12 oignons perlés épluchés
- 12 carottes avec leurs feuilles, pelées
- 1 brocoli en petits bouquets
- 12 poivrons miniatures coupés en deux
- 8 pommes de terre grelots coupées en quatre
- 12 tranches de pancetta

VINAIGRETTE
- 125 ml (½ tasse) d'huile d'olive
- 1 gousse d'ail
- 1 échalote grise
- Jus d'un citron
- 2 c. à soupe de vinaigre balsamique
- 1 branche de romarin
- 1 c. à café (1 c. à thé) de tamari
- 1 c. à soupe de pesto

DRESSAGE
- 60 ml (¼ tasse) d'huile d'olive extravierge
- 1 paquet de mesclun
- 4 c. à soupe de pignons
- 4 tranches de tomme de chèvre de 1 cm (½ po) d'épaisseur

Mousse de fromage de chèvre, salade de roquette et de tomates cerises, caramel balsamique et pain doré de maïs à l'huile d'olive

4 portions

MOUSSE DE FROMAGE DE CHÈVRE

- 115 g (³/₄ tasse) de fromage de chèvre
- 175 ml (³/₄ tasse) de crème mi-fouettée
- 2 feuilles de gélatine
- 1 c. à soupe de crème
- 8 feuilles de basilic

SALADE DE ROQUETTE ET DE TOMATES CERISES

- 80 g (1½ tasse) de feuilles de roquette nettoyées
- 12 tomates cerises coupées en deux
- 60 ml (¼ tasse) d'huile d'olive
- Jus d'un citron
- Fleur de sel
- Poivre fraîchement moulu

CARAMEL BALSAMIQUE

- 75 ml (⅓ tasse) de vinaigre balsamique âgé d'au moins 8 ans

PAIN DORÉ DE MAÏS

- 1 recette de Cake de maïs (p. 57)
- 1 œuf
- 60 ml (¼ tasse) de lait
- 2 c. à soupe d'huile d'olive

Si vous trouvez le goût de chèvre trop prononcé, essayez un chèvre des neiges ou un fromage blanc.

Mousse de fromage de chèvre : Laisser le fromage de chèvre à la température ambiante pendant 20 min. Mixer dans le robot de cuisine pour obtenir un fromage crémeux. Verser dans un bol et ajouter la crème mi-fouettée.

• Laisser ramollir les feuilles de gélatine dans un peu d'eau. Pendant ce temps, faire réchauffer la crème au four à micro-ondes puis ajouter les feuilles de gélatine bien essorées. Remuer pour que la consistance soit bien liquide. Remuer vigoureusement le fromage de chèvre, mélanger avec la gélatine, puis déposer dans une poche à pâtisserie.

• Tapisser des petits ramequins ou des petits moules avec de la pellicule plastique. Déposer un peu de fromage au fond. Garnir avec une feuille de basilic. Remettre un peu de fromage et alterner ainsi jusqu'à ce que les moules soient remplis. Garder 2 h dans le réfrigérateur.

Salade de roquette et de tomates cerises : Quand le dressage est prêt, mélanger tous les ingrédients de la salade dans un bol.

Caramel balsamique : Dans une casserole, faire bouillir le vinaigre balsamique à feu élevé jusqu'à ce qu'il soit réduit de moitié. Réserver dans un petit pot.

Pain doré de maïs : Couper le cake de maïs en tranches de 1 cm (½ po) d'épaisseur. Battre l'œuf et le lait à l'aide d'un fouet. Tremper les tranches de cake dans ce mélange. Mettre l'huile d'olive dans une poêle à feu moyen-élevé. Quand elle commence à fumer, enlever les cakes du mélange et poêler comme du pain doré traditionnel.

Dressage : Sortir la mousse de fromage de chèvre du réfrigérateur environ 20 min avant de servir. Démouler immédiatement et enlever la pellicule plastique. Déposer dans des assiettes individuelles et garnir de salade. Entourer la mousse avec un peu de caramel balsamique et servir avec une tranche de pain doré.

Napoléon de tomate à la mousseline d'artichaut et ravigote à la crème sure

4 portions

INGRÉDIENTS

RAVIGOTE À LA CRÈME SURE
- ½ c. à café (½ c. à thé) de câpres hachées très finement
- ½ c. à café (½ c. à thé) d'échalotes hachées très finement
- ½ c. à café (½ c. à thé) de persil haché très finement
- 1 c. à café (1 c. à thé) de jus de citron
- 75 ml (⅓ tasse) de crème sure
- Sel et poivre fraîchement moulu

MOUSSELINE
- 4 gros artichauts bien frais
- 1 litre (4 tasses) d'eau
- 1 c. à café (1 c. à thé) de sel
- 60 ml (¼ tasse) d'huile d'olive
- 1 citron coupé en quartiers
- 2 feuilles de gélatine
- 125 ml (½ tasse) de crème mi-fouettée
- Sel et poivre fraîchement moulu

TOMATES
- 4 tomates jaunes
- 4 tomates rouges
- 4 tomates oranges
- Fleur de sel et poivre fraîchement moulu
- 12 pousses d'herbes
- 12 chips d'artichaut (facultatif)

Étendez les tomates sur des tranches de pain à l'ail chaud, puis la mousseline par-dessus pour obtenir une bruschetta nouveau genre. Vous pouvez faire des chips d'artichaut en épluchant un artichaut de la même manière que pour la mousseline. Coupez-le ensuite en fines tranches que vous ferez frire. Salez et servez.

Ravigote à la crème sure : Mélanger les câpres, les échalotes, le persil, le jus de citron et la crème sure. Saler, poivrer et réserver dans le réfrigérateur.

Mousseline : À l'aide d'un couteau dentelé, éplucher tout le tour et les queues des artichauts pour enlever le maximum de fibres et de feuilles. Quand on atteint la chair, couper la partie du devant et enlever le foin à l'aide d'une cuillère. Faire bouillir l'eau avec le sel, l'huile d'olive et le citron. Cuire les artichauts environ 20 min, jusqu'à ce que la pointe d'un couteau enfoncée dans la chair en ressorte facilement. Égoutter et réduire en purée très lisse dans le robot de cuisine. Passer au tamis. Réchauffer le quart de la purée 30 sec dans le four à micro-ondes. Ramollir la gélatine dans l'eau froide. Bien égoutter et mélanger avec la purée sortie du micro-ondes. Verser dans la purée d'artichauts restante et laisser reposer un peu à la température ambiante avant d'ajouter la crème mi-fouettée. Mélanger à peine quelques secondes pour obtenir une mousseline homogène. Saler, poivrer et verser dans un contenant. Conserver au moins 4 h dans le réfrigérateur.

Tomates : Couper les tomates en tranches d'environ 0,5 cm (¼ po) d'épaisseur. Saler et poivrer. Mettre les tomates jaunes dans des assiettes individuelles. À l'aide d'une cuillère, étendre une mince couche de mousseline par-dessus. Continuer à monter en étages en faisant la même chose avec les tomates rouges, puis les tomates oranges. Servir la ravigote tout autour et décorer le dessus avec quelques pousses d'herbes et des chips d'artichaut.

Salade d'oignons rouges à la coriandre, bonbons de prosciutto, panacotta de maïs et caramel de cari

4 portions

Utilisez de la gélatine en feuilles si possible. Le résultat n'en sera que meilleur.

Panacotta : Chauffer le maïs et le lait environ 20 min à feu moyen. Réduire en purée lisse au mélangeur. Passer au tamis. Faire tremper la gélatine 2 min dans l'eau froide et bien essorer avec les mains pour extraire le maximum d'eau. Mettre la gélatine dans la crème de maïs encore chaude et bien remuer. Laisser reposer environ 20 min à la température ambiante. Pendant ce temps, monter la crème fouettée aux trois quarts, saler, poivrer et ajouter la crème de maïs. Verser dans un moule et garder 4 h dans le réfrigérateur.

Salade d'oignons rouges : Faire tremper les vermicelles dans l'eau. Bien laver et couper la roquette et la coriandre et les garder dans le réfrigérateur pour qu'elles restent bien croquantes. Mélanger les oignons avec l'huile d'olive, le jus de citron, le vin et le miel. Saler, poivrer et laisser mariner 1 h.

Bonbons de prosciutto : Couper les tranches de prosciutto en deux puis les couper dans le sens de la longueur en 3 petites tranches. Réserver. Cuire les gousses d'ail environ 10 min dans l'eau salée. Répéter la même chose deux autres fois en changeant l'eau chaque fois. Égoutter les gousses. Chauffer le lait, y plonger les gousses d'ail et cuire environ 10 min. Égoutter et réduire en purée avec le beurre, le sel et le poivre dans le robot de cuisine. Mettre une pointe de purée d'ail sur la partie inférieure d'une tranche de prosciutto. Former un triangle et sceller en enfermant bien la purée à l'intérieur. Chauffer l'huile à friture et frire les bonbons 2 min. Égoutter sur du papier absorbant et réserver.

Caramel de cari : Faire bouillir le sucre et le vin pour obtenir un caramel léger. Lorsqu'il est légèrement coloré, ajouter le cari et le jus de citron. Cuire 2 min. Ajouter le beurre, éteindre le feu et laisser refroidir.

Dressage : Sortir le panacotta du réfrigérateur. Bien mélanger les oignons, la roquette et la coriandre. Monter la salade d'oignons rouges dans l'assiette avec le panacotta. Garnir de caramel de cari et terminer avec des bonbons de prosciutto.

INGRÉDIENTS

PANACOTTA
- 50 g (¼ tasse) de maïs
- 75 ml (⅓ tasse) de lait
- 1 ½ feuille de gélatine
- 60 ml (¼ tasse) de crème fouettée
- Sel et poivre

SALADE D'OIGNONS ROUGES
- ¼ paquet de vermicelles de riz
- 1 litre (4 tasses) d'eau
- Roquette
- Feuilles de coriandre fraîche
- 2 oignons rouges en fines rondelles
- 75 ml (⅓ tasse) d'huile d'olive
- 2 c. à soupe de jus de citron
- 2 c. à soupe de vin blanc
- 1 c. à café (1 c. à thé) de miel
- Sel et poivre fraîchement moulu

BONBONS DE PROSCIUTTO
- 6 tranches de prosciutto
- 12 gousses d'ail
- 1 litre (4 tasses) d'eau salée
- 125 ml (½ tasse) de lait
- 1 c. à soupe de beurre
- Sel et poivre
- Huile à friture

CARAMEL DE CARI
- 60 g (¼ tasse) de sucre
- 1 c. à soupe de vin blanc
- 1 c. à café (1 c. à thé) de cari
- Jus d'un citron
- 1 noix de beurre salé

Asperge, asperge...
4 portions

Amusez-vous à préparer cette recette avec d'autres légumes frais du potager. Vous pouvez préparer une plus grande quantité de poudre d'olives que vous utiliserez à votre goût pour d'autres recettes. Cette poudre peut être conservée trois mois dans un contenant hermétique gardé à température ambiante.

Crème d'asperge : Dans une casserole de grosseur moyenne, faire fondre le beurre jusqu'à coloration noisette. Ajouter les oignons et les queues d'asperges. Faire revenir 2 min à feu moyen. Ajouter le bouillon et cuire 20 min. Ajouter la crème et passer au mélangeur pour obtenir une crème bien lisse.

Beurre de saumon fumé : Mélanger le saumon fumé, le beurre et le poivre au robot de cuisine jusqu'à consistance d'une crème onctueuse. Mettre un morceau de pellicule plastique sur la table et étendre le beurre de saumon fumé par-dessus à l'aide d'une spatule. Rouler pour faire un boudin et mettre dans le réfrigérateur environ 20 min.

Salade : Faire bouillir l'eau et le sel et cuire les asperges *al dente* de 4 à 5 min. Les plonger immédiatement dans l'eau froide pour éviter qu'elles perdent leur couleur. Peler les oranges à vif et prélever les segments à l'aide d'un couteau. Mélanger les oranges avec les asperges, l'huile d'olive et le poivre. Ajouter la fleur de sel à la toute fin.

Poudre d'olives : Faire sécher les olives 4 h au four à 80 °C (175 °F), jusqu'à ce qu'elles soient bien sèches. Réduire en poudre très fine dans le robot de cuisine.

Poêlée d'asperges : Cuire les asperges *al dente* à l'eau bouillante salée. Bien saler et poivrer le foie gras. Fouetter la crème avec la moutarde pour obtenir une crème fouettée épaisse. Réserver. Chauffer lentement la crème d'asperge. Faire chauffer une poêle et poêler le foie gras 30 sec de chaque côté. Retirer le foie gras de la poêle et réserver dans une assiette. Mettre les asperges dans la même poêle, saler et poivrer. Bien glacer les asperges dans le beurre du foie gras. Déposer dans l'assiette avec le foie gras.

Dressage : Verser la crème d'asperge dans des tasses à espresso. Couper le beurre de saumon fumé en fines tranches et mettre une tranche dans chaque tasse. Servir la salade dans des assiettes. Verser un peu d'huile d'olive et de jus de citron par-dessus et terminer avec un peu de poudre d'olives. Déposer les asperges et le foie gras. Ajouter la crème fouettée et servir.

INGRÉDIENTS

CRÈME D'ASPERGE
- 1 c. à soupe de beurre
- 25 g (⅛ tasse) d'oignons émincés
- 80 g (⅓ tasse) de queues d'asperges en morceaux
- 175 ml (¾ tasse) de bouillon de volaille
- 2 c. à soupe de crème épaisse (35 %)

BEURRE DE SAUMON FUMÉ
- 2 c. à soupe de saumon fumé
- 2 c. à soupe de beurre ramolli
- Poivre fraîchement moulu

SALADE
- 1 litre (4 tasses) d'eau
- ½ c. à café (½ c. à thé) de sel
- 12 asperges sauvages ou fines, épluchées
- 2 oranges
- 2 c. à soupe d'huile d'olive extravierge
- Poivre fraîchement moulu
- Fleur de sel
- Jus de citron

POUDRE D'OLIVES
- 10 olives de Calamata dénoyautées

POÊLÉE D'ASPERGES
- 8 queues d'asperges épluchées
- 1 litre (4 tasses) d'eau
- ½ c. à café (½ c. à thé) de sel
- 4 cubes de foie gras de 2,5 cm (1 po) de côté
- Sel et poivre
- 60 ml (¼ tasse) de crème épaisse (35 %)
- 1 c. à soupe de moutarde forte de Dijon

Rouleaux de printemps aux portobellos et aux tomates séchées, sauce épicée aux arachides

4 portions

INGRÉDIENTS

ROULEAUX DE PRINTEMPS

- 1 paquet de vermicelle de riz
- 1,5 litre (6 tasses) d'eau
- 2 c. à soupe de beurre
- 1 oignon émincé
- 3 portobellos émincés
- 1 gousse d'ail
- 50 g (¼ tasse) de tomates séchées
- 16 olives de Calamata dénoyautées
- 6 g (¼ tasse) de basilic
- 8 feuilles de pâte à rouleaux de printemps
- 2 c. à soupe d'eau
- 2 c. à soupe de farine
- Huile à friture

SAUCE ÉPICÉE AUX ARACHIDES

- 120 g (½ tasse) de beurre d'arachide crémeux
- 75 ml (⅓ tasse) d'eau
- 1 c. à soupe de sauce aux huîtres
- 5 gouttes de tabasco
- 1 c. à café (1 c. à thé) de sucre
- 1 petite gousse d'ail hachée

PRÉPARATION

Faites plusieurs petits rouleaux et gardez-les congelés pour un dépannage de dernière minute.

Rouleaux de printemps : Faire tremper les vermicelles dans l'eau environ 30 min. Pendant ce temps, dans une poêle, faire fondre le beurre à feu moyen-élevé. Ajouter les oignons et cuire jusqu'à légère caramélisation. Ajouter les portobellos et sauter. Ajouter l'ail, les tomates séchées et les olives et cuire 1 min. Ajouter le basilic, verser dans un bol et réserver.

• Séparer les feuilles de pâte les unes des autres. Étendre une feuille de pâte sur la table, une pointe tournée vers soi. Déposer un peu de légumes au milieu. Replier la pointe qui est vers soi sur les légumes et rouler jusqu'à la moitié. Refermer avec les pointes de gauche et de droite et continuer à rouler pour former un rouleau complet.

• Mélanger l'eau avec la farine pour faire une «colle». Mettre un peu de «colle» sur la pointe extérieure de la pâte puis finir de rouler celle-ci pour former un beau rouleau. Former d'autres rouleaux avec les feuilles de pâte et les légumes restants.

Sauce épicée aux arachides : Mélanger tous les ingrédients, goûter et ajouter du tabasco au besoin.

Dressage : Plonger les rouleaux 4 min dans l'huile à friture puis égoutter sur du papier absorbant. Servir avec la sauce.

Damier de pétoncles marinés, crème de poivron au cari et beurre de lime

4 portions

Vous pouvez remplacer quelques tranches de pétoncle par du saumon mariné selon la même méthode si vous souhaitez créer un plat encore plus coloré.

Pétoncles : Couper 6 pétoncles en 3 tranches et les mettre dans un bol. Couper les 6 autres pétoncles en 3 tranches et les mettre dans un deuxième bol.

Marinade au soja : Mélanger tous les ingrédients qui composent la marinade au soja. Chauffer 2 min à feu moyen puis laisser refroidir 15 min à la température ambiante. Verser dans l'un des bols contenant les pétoncles. Laisser mariner 3 h dans le réfrigérateur.

Marinade à l'huile de sésame : Faire griller les graines de sésame quelques secondes dans une poêle. Verser dans un petit bol et mélanger avec l'huile de sésame, le jus de lime et la coriandre. Verser dans le deuxième bol contenant les pétoncles. Laisser mariner 1 h dans le réfrigérateur.

Crème de poivron : Dans une casserole, faire fondre le beurre jusqu'à légère coloration et faire revenir les oignons jusqu'à ce qu'ils soient colorés. Ajouter le cari et les pommes. Faire revenir quelques secondes et ajouter les poivrons. Ajouter le vin, l'eau, la crème, le sel et le poivre. Cuire de 15 à 20 min. Ajouter un peu d'eau au besoin pour empêcher de coller. Passer le tout au mélangeur pour obtenir une crème très lisse. Passer au tamis et réserver dans le réfrigérateur.

Beurre de lime : Dans une poêle, faire revenir les échalotes dans le beurre jusqu'à légère coloration. Ajouter le jus de lime et faire réduire de moitié. Ajouter la crème et faire réduire à nouveau de moitié. Retirer du feu, ajouter le beurre et fouetter vigoureusement pour bien mélanger. Rectifier l'assaisonnement au besoin et réserver.

Dressage : À l'aide d'une cuillère, étendre un peu de crème de poivron dans des assiettes individuelles. Égoutter les pétoncles marinés et les dresser en forme de damier sur la crème de poivron en prenant soin de faire alterner chacune des sortes pour obtenir un beau jeu de couleurs. Accompagner de beurre de lime. Décorer avec quelques pousses de laitue et des vermicelles de riz avant de servir.

PÉTONCLES
- 12 pétoncles frais (10 à 20 par kg)

MARINADE AU SOJA
- 90 g (¼ tasse) de mélasse
- 2 c. à soupe de sauce teriyaki
- 1 gousse d'ail écrasée
- 1 citron coupé en quatre
- 3 grains anis étoilé concassés
- 2 c. à soupe de jus d'orange

MARINADE À L'HUILE DE SÉSAME
- 1 c. à café (1 c. à thé) de graines de sésame
- 60 ml (¼ tasse) d'huile de sésame
- Jus d'une lime (citron vert)
- 1 c. à soupe de coriandre fraîche

CRÈME DE POIVRON
- 1 c. à soupe beurre
- 50 g (¼ tasse) d'oignons émincés
- 1 c. à café (1 c. à thé) de cari
- 1 pomme en quartiers
- 1 poivron rouge coupé en quatre
- 60 ml (¼ tasse) de vin blanc
- 2 c. à soupe d'eau
- 2 c. à soupe de crème
- Sel et poivre

BEURRE DE LIME

- 1 échalote grise ciselée
- 1 c. à café (1 c. à thé) de beurre
- 60 ml (¼ tasse) de jus de lime
- 125 ml (½ tasse) de crème épaisse (35 %)
- 60 g (¼ tasse) de beurre non salé
  en cubes de 1 cm (½ po)

DRESSAGE

- Pousses de laitue
- Vermicelles de riz

Thon en croûte d'herbes et gingembre mariné, salade de betterave et crème citronnée

4 portions

SALADE DE BETTERAVE

- 2 betteraves rouges moyennes, pelées et coupées en tranches de 0,5 cm (¼ po) d'épaisseur
- 2 betteraves jaunes moyennes, pelées et coupées en tranches de 0,5 cm (¼ po) d'épaisseur
- 2 c. à soupe d'huile d'olive
- Jus d'un citron
- Sel et poivre

CRÈME CITRONNÉE

- 60 ml (¼ tasse) de crème sure
- 2 c. à soupe de crème épaisse (35 %)
- 1 c. à soupe de jus de lime (citron vert)
- Sel et poivre

THON

- 1 c. à soupe de gingembre mariné haché finement
- 2 c. à soupe de basilic frais haché
- 2 c. à soupe de coriandre fraîche hachée
- 2 c. à soupe de persil plat haché
- 4 blocs de thon rouge de première qualité de 90 g (3 oz) chacun
- Sel et poivre fraîchement moulu
- 60 ml (¼ tasse) d'huile d'olive
- 1 c. à soupe de miel chaud
- Pousses de betteraves

Toute la mise en place pour ce plat peut être préparée jusqu'à deux jours d'avance, mais il est important d'acheter le thon le jour même du repas.

Salade de betterave : Cuire les betteraves rouges et jaunes dans l'eau bouillante salée de 7 à 8 min, jusqu'à ce que la pointe d'un couteau enfoncée dans la chair puisse ressortir facilement. Refroidir à l'eau froide. Mélanger avec l'huile d'olive, le jus de citron, le sel et le poivre et bien remuer. Laisser macérer 1 h dans le réfrigérateur pour que les betteraves prennent le goût de l'huile d'olive.

Crème citronnée : Verser la crème sure et la crème épaisse dans un bol. Ajouter le jus de lime, le sel et le poivre. Bien remuer.

Thon : Mélanger le gingembre, le basilic, la coriandre et le persil dans une grande assiette. Bien saler et poivrer le thon de chaque côté. Chauffer l'huile d'olive dans une poêle antiadhésive jusqu'à ce qu'elle commence à fumer légèrement. Saisir le thon 30 sec de chaque côté, c'est-à-dire sur les 4 faces. Retirer du feu et badigeonner le poisson avec le miel chaud. Rouler le thon dans le mélange de gingembre et de fines herbes puis le couper en deux.

Dressage : Étendre de la crème citronnée dans des assiettes individuelles. Couvrir avec la salade de betterave. Mettre deux morceaux de thon par-dessus et décorer avec quelques pousses de betteraves avant de servir.

Bar chilien mariné au miel et au soja, tombée d'épinard et purée de panais

4 portions

Le bar chilien est l'un de mes poissons préférés, mais il est parfois difficile à trouver. Vous devez donc le commander quelques jours à l'avance à votre poissonnier. Toutefois, pour le remplacer, vous pouvez utiliser de la morue noire.

Poisson : Faire bouillir le miel et la sauce soja jusqu'à ce que le mélange soit homogène, retirer du feu et laisser refroidir. Ajouter les cubes de poisson et laisser mariner 3 h.

Purée de panais : Faire bouillir l'eau et le sel et cuire les panais environ 20 min, jusqu'à ce que la pointe d'un couteau en ressorte facilement. Égoutter et mélanger dans le robot de cuisine avec le beurre pour obtenir une purée lisse. Saler, poivrer et réserver.

Chips de panais : Faire frire les tranches de panais dans l'huile comme des frites. Égoutter sur du papier absorbant et saler.

Dressage : Égoutter et éponger le poisson. Cuire environ 10 min au four à 260 °C (500 °F) sur la grille du centre. Faire réduire de moitié 125 ml (½ tasse) de marinade et réserver. Faire fondre le beurre dans une poêle. Ajouter les épinards, le sel et le poivre. Faire revenir 1 min pour qu'ils tombent à peine. À l'aide d'une cuillère, étendre la purée de panais dans des assiettes individuelles. Ajouter les épinards au centre, puis le poisson. Garnir avec quelques gouttes de marinade et des chips de panais avant de servir.

INGRÉDIENTS

POISSON
- 125 ml (½ tasse) de miel
- 125 ml (½ tasse) de sauce soja
- 1 bar chilien de 480 g (16 oz) coupé en 4 morceaux puis en cubes de même grosseur

PURÉE DE PANAIS
- 1 litre (4 tasses) d'eau
- 1 c. à café (1 c. à thé) de sel
- 100 g (½ tasse) de panais pelés et coupés en cubes
- 80 g (⅓ tasse) de beurre non salé
- Sel et poivre fraîchement moulu

CHIPS DE PANAIS
- 1 panais pelé et coupé en fines tranches
- Huile à friture
- 1 pincée de sel

DRESSAGE
- 2 c. à soupe de beurre
- 1 litre (4 tasses) d'épinards miniatures
- Sel et poivre fraîchement moulu

Carpaccio de concombre, rillettes d'herbes à l'ail, ceviche de saumon et crevettes tigrées géantes

4 portions

CEVICHE DE SAUMON

- 200 g (7 oz) de saumon coupé en 12 bâtonnets de 1 x 4 cm (½ x 1½ po)
- 75 ml (⅓ tasse) d'huile d'olive
- 1 c. à soupe de coriandre fraîche hachée
- Jus d'une lime (citron vert)
- Sel et poivre

RILLETTES D'HERBES

- 1 c. à soupe de persil frais haché
- 1 c. à soupe de coriandre fraîche hachée
- 1 c. à soupe de basilic frais haché
- 1 c. à soupe de cerfeuil frais haché
- 2 c. à soupe d'huile d'olive extravierge
- 1 c. à café (1 c. à thé) de beurre
- 1 petite gousse d'ail

CARPACCIO DE CONCOMBRE

- 1 concombre anglais
- 1 c. à soupe d'huile d'olive
- 1 pincée de fleur de sel

DRESSAGE

- 4 crevettes géantes cuites
- 60 ml (¼ tasse) de mayonnaise parfumée au zeste de lime (citron vert)

À défaut d'avoir sous la main un trancheur pour couper finement les concombres, utilisez un économe.

Ceviche de saumon : Mettre les bâtonnets de saumon dans un petit contenant. Couvrir avec l'huile d'olive, la coriandre, le jus de lime, le sel et le poivre. Remuer doucement et réserver 1 h dans le réfrigérateur.

Rillettes d'herbes : Mélanger tous les ingrédients 1 min dans le robot de cuisine et réserver dans le réfrigérateur.

Carpaccio de concombre : Peler le concombre, le couper en deux sur la longueur puis faire de fines lamelles à l'aide d'un trancheur. Étendre les tranches de concombre dans une assiette. Badigeonner avec l'huile d'olive à l'aide d'un pinceau et assaisonner de fleur de sel.

Dressage : Dans des assiettes individuelles, mettre les rillettes sur les concombres et garnir avec trois morceaux de saumon. Déposer les crevettes sur les rillettes puis étendre un peu de mayonnaise tout autour à l'aide d'une cuillère.

Fondant de poivron rouge au piment d'Espelette, salade de crabe et de gourganes, aïoli safrané

4 portions

Si vous ne trouvez pas de gourganes fraîches, utilisez des gourganes congelées qui feront aussi l'affaire. N'oubliez pas d'enlever la pellicule qui les recouvre.

Fondant de poivron rouge : Faire fondre le beurre dans une casserole. Ajouter les oignons et faire suer jusqu'à légère coloration. Ajouter les poivrons et sauter 5 min à feu moyen. Déglacer au vin blanc. Cuire 2 min puis réduire en purée lisse au mélangeur. Passer au tamis pour enlever les particules et ne conserver que la crème. Faire ramollir les feuilles de gélatine dans l'eau froide. Bien essorer et les ajouter à la purée encore chaude. Laisser reposer à la température ambiante. Pendant ce temps, monter la crème jusqu'à ce qu'elle soit mi-fouettée. Ajouter le piment d'Espelette, le sel et le poivre et mélanger doucement avec la purée. Étendre sur une plaque de 1 cm (½ po) à bords élevés recouverte de pellicule plastique. Laisser au moins 3 h dans le réfrigérateur.

Salade de crabe et de gourganes : Blanchir les gourganes 3 min à l'eau bouillante salée. Égoutter et refroidir. Enlever la pellicule qui les recouvre et réserver. Cuire les haricots 7 min *(al dente)* à l'eau bouillante salée. Couper en morceaux de 5 cm (2 po). Mélanger les gourganes, les haricots et la chair de crabe. Couvrir avec la crème fraîche, le jus de lime, le sel et le poivre. Bien remuer et conserver dans le réfrigérateur.

Aïoli safrané : Passer l'ail et l'huile au mélangeur pour obtenir une purée de type mayonnaise. Chauffer légèrement le vin et le safran pour faire ressortir le maximum de saveur de l'épice. Laisser refroidir puis verser sur l'huile à l'ail. Saler, poivrer et réserver.

Dressage : Découper le fondant de poivron rouge selon la forme désirée. Mettre des morceaux de fondant au centre des assiettes individuelles et couvrir avec la salade. Garnir avec un peu d'aïoli et décorer avec des boutons de fleurs ou des fines herbes fraîches.

INGRÉDIENTS

FONDANT DE POIVRON ROUGE
- 1 c. à soupe de beurre
- 30 g (¼ tasse) d'oignons émincés
- 1 poivron rouge en dés
- 2 c. à soupe de vin blanc
- 2 feuilles de gélatine
- 75 ml (⅓ tasse) de crème fouettée
- 1 pincée de piment d'Espelette
- Sel et poivre

SALADE DE CRABE ET DE GOURGANES
- 70 g (⅓ tasse) de gourganes épluchées et nettoyées
- 8 haricots verts
- 100 g (¾ tasse) de chair de crabe
- 60 ml (¼ tasse) de crème fraîche
- 1 c. à café (1 c. à thé) de jus de lime (citron vert)
- Sel et poivre

AÏOLI SAFRANÉ
- 1 gousse d'ail
- 75 ml (⅓ tasse) d'huile d'olive extravierge
- 1 c. à soupe de vin blanc
- 1 pincée de safran
- Sel et poivre

DRESSAGE
- Boutons de fleurs
- Fines herbes fraîches

Pétoncles poêlés en croûte de mie de pain, purée de pomme à l'huile d'olive, granité au citron

4 portions

INGREDIENTS

PÉTONCLES
- 1 pain de mie
- 20 pétoncles
- Sel et poivre
- 60 g (⅓ tasse) de farine
- 2 œufs battus
- 80 g (⅓ tasse) de beurre

GRANITÉ AU CITRON
- 125 ml (½ tasse) d'eau
- 1 c. à soupe de sucre
- Jus d'un citron

PURÉE DE POMME
- 1 pomme Golden pelée et coupée en petits cubes
- 3 c. à soupe d'eau
- 2 c. à soupe d'huile d'olive extravierge
- Sel et poivre

BASILIC FRIT
- Huile à friture
- 8 belles feuilles de basilic
- Sel

MOUSSE DE LAIT À L'AIL
- 80 ml (⅓ tasse) de lait
- 2 gousses d'ail

PRÉPARATION

Gardez le reste du granité que vous servirez comme pause digestive au cours d'un autre repas.

Pétoncles : Évider le pain de sa mie et en faire des petits cubes de 0,5 cm (¼ po). (Compter 1 tasse de cubes pour 4 personnes.) Saler et poivrer légèrement les pétoncles. Passer le dessus des pétoncles dans la farine, puis dans les œufs battus et enfin dans les cubes de mie de pain. Réserver dans une assiette dans le réfrigérateur jusqu'au moment de servir.

Granité au citron : Dans une casserole, dissoudre le sucre dans l'eau à feu moyen. Retirer du feu, ajouter le jus de citron et verser dans une plaque. Mettre dans le congélateur pour obtenir une glace.

Purée de pomme : Mettre les pommes et l'eau dans une casserole et cuire environ 10 min à feu moyen, jusqu'à ce que l'eau soit évaporée. Réduire en purée à l'aide du robot de cuisine. Ajouter l'huile d'olive, le sel et le poivre. Rectifier l'assaisonnement au besoin. Réserver dans un petit bol.

Basilic frit : Chauffer l'huile à friture dans une grande casserole ou une friteuse. Frire le basilic 30 sec. Égoutter sur du papier absorbant. Saler légèrement et concasser.

Mousse de lait à l'ail : Chauffer le lait et l'ail environ 10 min à feu moyen. Passer au mélangeur, filtrer et réserver au froid.

Dressage : Chauffer une casserole à feu moyen-élevé et ajouter 80 g (⅓ tasse) de beurre. Quand il commence à blondir légèrement, déposer les pétoncles, mie en dessous. Lorsqu'ils commencent à être légèrement colorés, retourner et cuire 2 min de plus. Retirer du feu. Sortir le granité du congélateur. À l'aide d'une cuillère métallique, gratter le bloc de glace pour en faire une poudre très fine. Mettre cette poudre dans des petites cuillères de service et les remettre dans le congélateur jusqu'au moment de servir. Étendre quelques filets de purée de pomme dans des assiettes individuelles. Déposer ensuite les pétoncles chauds un à un. Garnir de basilic frit d'un côté. Faire mousser le lait froid à l'aide d'un petit robot manuel ou d'un mousseur à lait. Lorsque l'écume du lait est bien montée, en déposer une petite cuillerée sur chaque pétoncle. Sortir les cuillères contenant le granité au citron du congélateur, les déposer dans les assiettes et servir.

Tartare de bœuf, marmelade de champignons sauvages, sauce tranchée à l'huile de truffe et chips de pain

4 portions

Utilisez du bœuf d'excellente qualité et votre tartare n'en sera que meilleur.

Marmelade : Faire revenir les échalotes 1 min dans le beurre. Ajouter les champignons et remuer. Ajouter le fond de veau, le vinaigre balsamique et le sucre. Réduire environ 5 min pour obtenir une compotée. Saler, poivrer et réserver.

Chips de pain : Badigeonner les tranches de pain avec un peu d'huile d'olive à l'aide d'un pinceau. Passer 3 min au four à 200 °C (400 °F), jusqu'à légère coloration.

Sauce tranchée à l'huile de truffe : Dans une casserole, faire bouillir le vin jusqu'à réduction à un tiers du liquide. Ajouter le fond de veau et réduire pour obtenir la même quantité que le vin réduit. Rectifier l'assaisonnement. Ajouter l'huile de truffe, couvrir et laisser tiédir.

Tartare : Dans un grand bol, verser les échalotes, la moutarde, l'huile d'olive, le jaune d'œuf, les câpres, le persil, le vinaigre de truffe, le tabasco, le sel et le poivre. Bien remuer à l'aide d'une fourchette pour obtenir une pâte homogène. Ajouter le filet mignon et bien remuer. Rectifier l'assaisonnement au besoin avec le tabasco, le sel et le poivre.

Dressage : Déposer le tartare au centre d'une assiette, napper avec de la marmelade encore chaude. Ajouter les chips et quelques pousses de mesclun si désiré. Remuer doucement la sauce à l'aide d'une cuillère pour éviter que l'huile ne devienne homogène avec la sauce au vin. Verser doucement autour du tartare. (La sauce doit se séparer de l'huile de truffe et être servie ainsi.)

INGRÉDIENTS

MARMELADE
- 1 échalote grise émincée
- 1 c. à soupe de beurre
- 150 g (1 tasse) d'un mélange de 4 champignons sauvages (girolles, trompettes, pieds-de-mouton, bolets, cèpes) en morceaux de 1 cm (½ po)
- 75 ml (⅓ tasse) de fond de veau
- 60 ml (¼ tasse) de vinaigre balsamique
- 1 c. à café (1 c. à thé) de sucre
- Sel et poivre fraîchement moulu

CHIPS DE PAIN
- 1 baguette en fines tranches
- Huile d'olive extravierge

SAUCE TRANCHÉE À L'HUILE DE TRUFFE
- 60 ml (¼ tasse) de vin rouge
- 75 ml (⅓ tasse) de fond de veau
- Sel et poivre fraîchement moulu
- 1 c. à soupe d'huile de truffe

TARTARE
- 1 c. à café (1 c. à thé) d'échalotes grises ciselées finement
- 1 c. à café (1 c. à thé) de moutarde forte
- 1 c. à soupe d'huile d'olive
- 1 jaune d'œuf
- 16 câpres hachées finement
- 1 c. à café (1 c. à thé) de persil frais haché finement
- 1 c. à café (1 c. à thé) de vinaigre de truffe
- 5 gouttes de tabasco
- Sel et poivre
- 200 g (7 oz) de filet mignon frais haché au couteau
- Pousses de mesclun (facultatif)

Fondant de lapin au bleu bénédictin en robe de sésame, confiture de tomate et chips de tomate

INGREDIENTS

FONDANT DE LAPIN

- 1 cuisse de lapin
- 1 c. à café (1 c. à thé) de beurre
- 40 g (⅓ tasse) de mozzarella
- 40 g (⅓ tasse) de bleu bénédictin de Saint-Benoît-du-Lac ou autre
- 2 c. à soupe de beurre
- 2 c. à soupe de crème
- 2 c. à soupe de farine
- ½ botte de ciboulette
- ¼ c. à café (¼ c. à thé) d'épices cajun
- 90 g (½ tasse) de farine
- 1 œuf
- 125 ml (½ tasse) de lait
- 120 g (1 tasse) de graines de sésame

CONFITURE DE TOMATE

- 2 tomates
- 1 c. à café (1 c. à thé) de sel
- 1 c. à soupe de beurre
- 50 g (¼ tasse) d'oignons en petits cubes
- 75 ml (⅓ tasse) de vinaigre balsamique
- 2 c. à soupe de sucre brun
- Sel et poivre
- Huile

CHIPS DE TOMATE

- Pelures de tomates
- 1 c. à café (1 c. à thé) d'huile d'olive
- Sel et poivre fraîchement moulu
- 1 pincée de sucre

DRESSAGE

- Huile à friteuse
- Mesclun
- 1 c. à soupe d'huile d'olive extravierge
- Vermicelles de riz

PRÉPARATION

Préparez des petites portions que vous garderez dans le congélateur et servirez comme canapés à vos invités.

Fondant de lapin : Faire revenir la cuisse de lapin dans le beurre et mettre 20 min au four à 180 °C (350 °F). Laisser tiédir et couper en cubes. Couper la mozzarella et le fromage bleu en cubes de la même grosseur que le lapin. Faire de même avec le beurre et ajouter au mélange. Ajouter la crème, la farine, la ciboulette, les épices cajun et remuer doucement à la cuillère de bois pour éviter que les morceaux se défassent. Mouler le tout dans des cuillères à crème glacée ou à la main pour faire des petites rondelles ou des carrés selon la forme désirée. Mettre dans le réfrigérateur 30 min puis rouler dans la farine. Mélanger l'œuf et le lait puis y tremper les petits gâteaux. Rouler ensuite dans les graines de sésame et réserver dans le réfrigérateur.

Confiture de tomate : Faire une incision en croix dans le fond des tomates et enlever le pédoncule. Faire bouillir 1 litre (4 tasses) d'eau et le sel et y plonger les tomates environ 1 min. Les retirer et les mettre immédiatement dans l'eau froide. Peler et monder à l'aide d'un couteau en réservant les pelures pour plus tard. Couper les tomates en petits cubes. Faire fondre le beurre dans une poêle. Ajouter les oignons et les tomates puis faire revenir 1 min. Déglacer au vinaigre balsamique et au sucre brun et cuire jusqu'à ce que les tomates et les oignons se défassent comme une confiture à consistance sirupeuse. Saler et poivrer, ajouter un peu d'huile et réserver dans le réfrigérateur.

Chips de tomate : Badigeonner les pelures de tomates mondées avec l'huile d'olive. Saler, poivrer et sucrer. Mettre environ 30 min au four à 95 °C (200 °F) sur une plaque recouverte de papier sulfurisé. Vérifier souvent pour empêcher de brûler.

Dressage : Faire frire les fondants de lapin dans une poêle à bords hauts ou dans une petite friteuse conventionnelle de maison. Les plonger dans l'huile de 6 à 7 min selon leur grosseur ou jusqu'à ce que l'intérieur soit bien chaud et l'extérieur doré. Mélanger la confiture de tomate avec le mesclun et l'huile d'olive. Verser sur les fondants puis garnir de chips de tomate et de vermicelles de riz.

Pintade, patates douces et maïs en vice et versa

Pintade, patates douces et maïs en vice et versa

4 portions

Ce petit exercice est fait pour vous démontrer que vous pouvez exécuter une multitude de plats avec quelques ingrédients seulement. Un peu d'imagination, et c'est tout !

Crème de patate douce et de maïs : Dans une casserole, faire fondre le beurre jusqu'à légère coloration noisette. Faire revenir les oignons 2 min. Ajouter les patates douces et le maïs. Faire revenir 2 min puis déglacer avec le bouillon. Cuire environ 20 min puis passer au mélangeur. Ajouter la crème et réserver. Mettre les cuisses de pintade dans une casserole et couvrir d'eau. Cuire environ 30 min, jusqu'à ce que la chair se défasse à la fourchette. Égoutter et effilocher. Réserver le quart pour la crème de patate douce et séparer le reste en quatre parts qui serviront pour les autres plats de la recette.

Pâté chinois : Préchauffer le four à 200 °C (400 °F) et cuire la patate douce 40 min. Éplucher et mélanger au robot de cuisine avec le beurre pour obtenir une purée très lisse. Réserver dans un plat convenant au four à micro-ondes. Cuire le maïs 5 min à l'eau bouillante salée. Refroidir aussitôt et réserver.

Ketchup : Mélanger ensemble tous les ingrédients et cuire à feu doux environ 20 min. Réserver dans le réfrigérateur.

Napoléon : Blanchir les patates douces 3 min à l'eau bouillante salée. Égoutter et refroidir immédiatement à l'eau froide. Sauter au beurre, saler, poivrer et réserver. Cuire le maïs et le vin à feu doux dans une petite casserole puis en faire une purée lisse au mélangeur. Refroidir dans le réfrigérateur. Pendant ce temps, monter la crème fouettée. Ajouter la ciboulette et la purée de maïs refroidie. Saler et poivrer au goût. Réserver.

Mousse de pintade et caramel : Prendre une partie de la chair des cuisses de pintade réservée et mélanger au robot de cuisine avec le porto et le beurre pour obtenir une crème légèrement onctueuse. Saler et poivrer au goût. Laisser refroidir un peu dans le réfrigérateur. Pendant ce temps, mélanger le vinaigre balsamique et le sucre, mettre à bouillir pour réduire de moitié. Réserver pour le service.

INGRÉDIENTS

CRÈME DE PATATE DOUCE ET DE MAÏS
- 1 c. à soupe de beurre
- 60 ml (¼ tasse) d'oignons en cubes
- 1 patate douce en cubes
- 60 g (⅓ tasse) de maïs égrené
- 175 ml (¾ tasse) de bouillon de volaille
- 2 c. à soupe de crème épaisse (35 %)
- 2 cuisses de pintade

PÂTÉ CHINOIS
- 1 patate douce
- 2 c. à soupe de beurre
- 60 g (⅓ tasse) de maïs égrené

KETCHUP
- 30 g (¼ tasse) d'oignons rouges en brunoise
- 1 tomate en dés
- 1 poire en dés
- 2 c. à soupe de sucre
- 2 c. à soupe de vinaigre balsamique
- ¼ c. à café (¼ c. à thé) de quatre-épices
- Sel et poivre

NAPOLÉON
- 1 patate douce pelée et coupée en rondelles de 0,5 cm (¼ po) d'épaisseur
- 1 c. à café (1 c. à thé) de beurre
- Sel et poivre
- 45 g (¼ tasse) de maïs en grains
- 2 c. à soupe de vin blanc
- 2 c. à soupe de crème fouettée
- ½ c. à café (½ c. à thé) de ciboulette hachée
- Sel et poivre

MOUSSE DE PINTADE

- 70 g (¹/₃ tasse) de chair de cuisse de pintade
- 1 c. à soupe de porto
- 60 g (¹/₄ tasse) de beurre ramolli
- Sel et poivre

CARAMEL

- 60 ml (¹/₄ tasse) de vinaigre balsamique
- 60 g (¹/₄ tasse) de sucre

CAKES DE MAÏS

- 3 œufs
- 120 g (¹/₂ tasse) de beurre ramolli
- 120 g (²/₃ tasse) de farine
- 1 c. à café (1 c. à thé) de curcuma
- 2 c. à soupe de maïs en grains concassés
- ¹/₂ c. à café (¹/₂ c. à thé) de levure chimique (poudre à pâte)

MOUTARDE AIGRE-DOUCE

- 1 c. à soupe de miel
- 1 c. à café (1 c. à thé) de vinaigre de vin rouge
- 1 c. à soupe de moutarde de Dijon
- 1 c. à soupe de moutarde préparée
- 60 ml (¹/₄ tasse) de patates douces râpées finement
- Sel et poivre

Cakes de maïs : Mélanger les œufs et le beurre au batteur électrique jusqu'à consistance homogène. Mélanger la farine, le curcuma, le maïs et la levure chimique. Verser en pluie fine dans les œufs. Mélanger doucement à la spatule puis verser dans des petits moules à gâteaux individuels. Cuire de 15 à 20 min au four à 180 °C (350 °F). Laisser tiédir avant de découper en fines tranches.

Moutarde aigre-douce : Mélanger le miel, le vinaigre de vin, la moutarde de Dijon et la moutarde préparée. Chauffer 2 min dans une casserole. Retirer du feu, ajouter les patates douces, le sel et le poivre. Laisser macérer jusqu'au dressage.

Dressage : Napper les tranches de cake avec un peu de moutarde aigre-douce. Couvrir avec des feuilles de laitue et un peu de chair des cuisses de pintade. Monter en sandwich et couper en deux.

- Chauffer la crème de patate douce et la verser dans des tasses à espresso. Garnir avec un peu de chair de pintade réservée.

- Pour le pâté chinois, chauffer la purée de patate douce au four à micro-ondes. Sauter le maïs doucement au beurre puis chauffer un peu de chair de pintade réservée. Prendre des emporte-pièce sans fond et étendre au fond la chair de pintade bien chaude. Verser un peu de maïs par-dessus puis finir avec la purée de patate douce. Enlever le cercle puis garnir d'une petite cuillerée de ketchup. Dans une autre petite assiette, monter les tranches de patates douces en étage en intercalant avec des petites cuillerées de mousseline de pintade. Finir avec un peu de crème fouettée au maïs. Décorer de caramel balsamique. Mettre le sandwich dans l'assiette et le garnir d'une petite salade assaisonnée d'une vinaigrette maison.

Escalope de foie gras poêlée, tatin de navet au caramel de pamplemousse et écorces confites au sel

4 portions

CARAMEL DE PAMPLEMOUSSE

- 180 g (³/₄ tasse) de sucre
- 60 ml (¹/₄ tasse) d'eau
- 2 pamplemousses roses coupés en suprêmes

TATIN DE NAVET

- 4 tranches de navets de 2,5 x 10 cm (1 x 4 po)
- 4 cercles de pâte feuilletée de 12 cm (5 po)
- 4 tranches de foie gras de Marieville ou autre de 90 g (3 oz) chacune
- Sel et poivre fraîchement moulu
- 60 ml (¹/₄ tasse) d'huile d'olive
- 2 c. à soupe de jus de pamplemousse
- Pousses de laitues
- Fleur de sel

Gardez le foie gras 5 minutes dans le congélateur avant de le poêler afin qu'il perde le moins de gras possible en cours de cuisson.

Caramel de pamplemousse : Faire bouillir le sucre et l'eau pour obtenir un caramel clair. Déglacer avec les suprêmes de pamplemousse. Défaire les suprêmes en remuant. Verser environ 1 cm (½ po) de ce mélange dans quatre ramequins de 10 cm (4 po). Réserver.

Tatin de navet : Blanchir les navets 5 min à l'eau bouillante légèrement salée. Refroidir à l'eau glacée, égoutter et mettre dans les ramequins. Couvrir avec les cercles de pâte feuilletée. Mettre les ramequins sur une plaque et cuire à 190 °C (375 °F) de 15 à 20 min, jusqu'à coloration de la pâte.

Dressage : Chauffer une poêle. Saler et poivrer le foie gras puis le poêler sur les deux faces. Égoutter sur du papier absorbant. Renverser les ramequins sur des assiettes et les démouler doucement en prenant soin de laisser égoutter le caramel. Poser le foie gras par-dessus. À l'aide d'une cuillère, verser le reste du caramel tout autour. Faire la vinaigrette avec l'huile et le jus de pamplemousse. Saler et poivrer la laitue et la mélanger avec la vinaigrette. Garnir chaque assiette de salade. Déposer une tranche de foie gras sur le coin avec une pointe de fleur de sel.

Saumon fumé saisi, lait mousseux à la noisette, huile d'herbes, gelée de yuzu et salade de chayote et de pomme

4 portions

Utilisez de l'huile d'herbes pour remplacer le beurre si vous avez envie de préparer une bonne purée de pomme de terre qui sort des sentiers battus. Le yuzu est un citron vert thaïlandais dont l'écorce est légèrement bosselée et que l'on trouve facilement dans les épiceries asiatiques.

Lait mousseux à la noisette : Faire rôtir les noisettes 5 min au four à 180 °C (350 °F). Laisser refroidir à la température ambiante avant de les peler en les frottant avec les mains. Mélanger ensuite avec le lait et chauffer 5 min à feu moyen. Passer au mélangeur 2 min puis filtrer à l'aide d'un tamis fin. Laisser refroidir 15 min dans le réfrigérateur. Ajouter le blanc d'œuf et réserver dans le réfrigérateur.

Huile d'herbes : Verser l'huile dans le mélangeur. Ajouter toutes les herbes et broyer 5 min à vitesse maximale. Passer au tamis, récupérer l'huile verte et réserver.

Gelée de yuzu : Faire tiédir le jus de yuzu et mélanger avec la gélatine ramollie. Verser dans un petit contenant jusqu'à environ 1 cm (½ po) d'épaisseur. Laisser figer complètement environ 1 h dans le réfrigérateur.

Salade de chayote et de pomme : Dans un bol, mélanger les chayotes, les pommes, l'huile, le jus de citron, le sel et le poivre. Bien remuer.

Dressage : Sortir le lait mousseux du réfrigérateur et le faire mousser 2 min au mélangeur. Verser dans un verre et garder dans le réfrigérateur le temps de poêler le saumon fumé.

• Couper la gelée de yuzu en cubes d'environ 1 cm (½ po). Chauffer une poêle à feu vif avec l'huile de noisette. Saler et poivrer légèrement le saumon fumé. Poêler à feu vif environ 1 min d'un côté seulement pour faire croustiller le dessous. Réserver dans une assiette.

• Mettre un fond de salade dans des assiettes individuelles. Déposer un morceau de saumon sur le dessus. Badigeonner le saumon avec la mousse qui s'est formée sur le dessus du lait à la noisette, puis ajouter quelques morceaux de gelée de yuzu. Ajouter des herbes fraîches et un trait d'huile d'herbes avant de servir.

INGRÉDIENTS

LAIT MOUSSEUX À LA NOISETTE
• 20 g (⅓ oz) de noisettes fraîches
• 125 ml (½ tasse) de lait
• 1 blanc d'œuf

HUILE D'HERBES
• 75 ml (⅓ tasse) d'huile de tournesol
• 1 c. à café (1 c. à thé) de ciboulette hachée
• 1 c. à café (1 c. à thé) de persil plat
• 1 c. à café (1 c. à thé) de coriandre fraîche
• 1 c. à café (1 c. à thé) de basilic
• 1 c. à café (1 c. à thé) de cerfeuil

GELÉE DE YUZU OU DE LIME
• 60 ml (¼ tasse) de jus yuzu ou de lime (citron vert)
• 1 feuille de gélatine en feuille ramollie dans l'eau froide

SALADE DE CHAYOTE ET DE POMME
• 1 chayote bien mûre en julienne
• 1 pomme Granny Smith en julienne
• 2 c. à soupe d'huile de noisette
• Jus d'un citron
• Sel et poivre fraîchement moulu

DRESSAGE
• 1 c. à soupe d'huile de noisette
• Tranches de saumon fumé de 75 g (2 ½ oz) chacune
• Sel et poivre fraîchement moulu
• Herbes fraîches restantes

Gratin d'orzo à la betterave, pesto de roquette et croustilles de parmesan

4 portions

Gratin d'orzo : Amener l'eau et le sel à ébullition. Ajouter l'orzo et cuire environ 8 min *(al dente)*. Égoutter dans une passoire et réserver. Mettre les betteraves dans un bol. Amener 125 ml (½ tasse) d'eau à ébullition et cuire les betteraves environ 5 min, jusqu'à ce qu'elles soient croquantes. Égoutter en prenant soin de conserver l'eau de cuisson. Remettre le jus de cuisson sur le feu et faire bouillir jusqu'à ce qu'il réduise de moitié. Mélanger les betteraves avec l'orzo. Ajouter la crème, l'eau de cuisson réservée, le beurre, le parmesan, le basilic, le sel et le poivre. Réserver dans une casserole.

Pesto de roquette : Mettre les pignons sur une plaque et les faire dorer 5 min au four à 180 °C (350 °F). Verser dans le mélangeur, ajouter l'ail, l'huile d'olive et le jus de citron. Broyer pendant 3 min. Ajouter la roquette et mélanger à nouveau pour obtenir une purée lisse. Verser dans un bol, saler, poivrer et réserver.

Croustilles de parmesan : Préchauffer le four à 200 °C (400 °F). Étendre le parmesan en une fine couche sur une plaque recouverte de papier sulfurisé en formant des cercles ou des triangles. Dorer 8 min au four et réserver pour le dressage.

Garniture : Faire bouillir l'eau et le sel et cuire les tomates et les oignons verts de 4 à 5 min *(al dente)*. Égoutter et réserver.

Dressage : Faire chauffer le gratin d'orzo de 7 à 8 min sans cesser de remuer pour empêcher le fond de coller. Sauter les tomates et les oignons au beurre et assaisonner au goût. Mettre le gratin d'orzo dans un bol. Couvrir avec les petits légumes sautés et garnir avec des croustilles de parmesan. Verser un peu de pesto de roquette en filet tout autour et décorer de fines herbes fraîches. Ajoutez des lanières de poulet pour obtenir un plat plus consistant.

INGRÉDIENTS

GRATIN D'ORZO
- 1 litre (4 tasses) d'eau
- ½ c. à café (½ c. à thé) de sel
- 200 g (1 tasse) d'orzo
- 150 g (⅔ tasse) de betteraves pelées et coupées en brunoise
- 75 ml (⅓ tasse) de crème épaisse (35 %)
- 1 c. à café (1 c. à thé) de beurre
- 30 g (¼ tasse) de parmesan fraîchement râpé (parmigiano reggiano de préférence)
- 6 feuilles de basilic ciselées
- Sel et poivre

PESTO DE ROQUETTE
- 1 c. à soupe de pignons
- 1 petite gousse d'ail
- 60 ml (¼ tasse) d'huile d'olive
- Jus de citron
- 1 bouquet de roquette fraîche lavée à l'eau glacée
- Sel et poivre fraîchement moulu

CROUSTILLES DE PARMESAN
- 75 ml (⅓ tasse) de parmesan fraîchement râpé

GARNITURE
- 500 ml (2 tasses) d'eau
- 1 pincée de sel
- 12 tomates cerises
- 12 oignons verts

DRESSAGE
- 1 c. à café (1 c. à thé) de beurre
- Sel et poivre
- Fines herbes fraîches
- Poulet en lanières (facultatif)

Galettes de riz au shiitake et au gingembre mariné, émulsion de poivron, huile d'olive extravierge

4 portions

INGREDIENTS

GALETTES DE RIZ
- 250 ml (1 tasse) d'eau
- ¼ c. à café (¼ c. à thé) de sel
- 200 g (1 tasse) de riz basmati
- 3 œufs
- 60 g (⅓ tasse) de farine
- 2 c. à soupe de beurre
- 12 shiitake émincés
- 1 c. à soupe de gingembre mariné haché très finement
- Sel et poivre

ÉMULSION DE POIVRON
- 1 poivron vert
- 1 petit oignon en fines tranches
- 1 c. à soupe de beurre
- 60 ml (¼ tasse) de vin blanc
- 60 ml (¼ tasse) de crème épaisse (35 %)
- 60 ml (¼ tasse) d'huile d'olive extravierge

GARNITURE
- 2 aubergines miniatures
- 2 c. à soupe d'huile d'olive
- Sel et poivre
- 75 ml (⅓ tasse) de lait
- 12 gousses d'ail épluchées
- 1 c. à café (1 c. à thé) de beurre

CUISSON DES GALETTES
- 1 c. à café (1 c. à thé) de beurre
- 1 c. à café (1 c. à thé) d'huile d'olive
- 100 g (½ tasse) de champignons
- Légumes de saison (facultatif)
- 1 c. à café (1 c. à thé) de beurre

PRÉPARATION

Ayez toujours une huile d'olive de bonne qualité sous la main. Vous pouvez préparer une entrée toute simple de dernière minute avec quelques tranches de tomate et des fines herbes fraiches.

Galettes de riz : Faire bouillir l'eau et sel. Ajouter le riz et laisser bouillir 5 min. Éteindre le feu, couvrir et laisser reposer 5 min. Transvider le riz à parts égales dans deux bols différents. Laisser refroidir à la température ambiante. Mettre le riz d'un des bols dans le robot de cuisine et mélanger avec les œufs et la farine environ 2 min pour obtenir une purée lisse. Verser dans un grand bol et mélanger avec le riz du deuxième bol. Réserver. Faire fondre le beurre dans une poêle et sauter les shiitake 3 min à feu vif. Mélanger avec le gingembre, puis avec le riz, le sel et le poivre. Réserver.

Émulsion de poivron : Envelopper le poivron dans du papier aluminium puis le mettre 12 min au four à 230 °C (450 °F). Enlever le maximum de pelure en veillant à ne pas se brûler. Faire fondre le beurre dans une poêle et faire revenir les oignons jusqu'à légère coloration. Couper le poivron en deux, l'évider et l'ajouter dans la poêle. Déglacer au vin blanc et faire réduire le liquide de moitié. Ajouter la crème et cuire 5 min de plus. Passer au mélangeur pour obtenir un coulis. Verser l'huile d'olive en filet tout en continuant de mélanger pour émulsionner jusqu'à ce que le coulis soit parfaitement homogène. Verser dans une petite casserole.

Garniture : Couper les aubergines en deux sur la longueur et les napper d'un filet d'huile d'olive. Saler et poivrer. Cuire 15 min au four à 180 °C (350 °F). Faire bouillir le lait, ajouter les gousses d'ail et laisser frémir 10 min. Égoutter, mélanger avec le beurre et faire rôtir légèrement. Réserver.

Cuisson des galettes : Chauffer le beurre et l'huile d'olive dans une grande poêle antiadhésive. Façonner le riz en galettes à l'aide d'une cuillère ou d'un emporte-pièce. Lorsque le beurre commence à être mousseux, mettre les galettes dans la poêle. Cuire à feu doux de 7 à 8 min, jusqu'à légère coloration. À l'aide d'une large spatule, retourner les galettes comme des crêpes. Cuire de 7 à 8 min de plus, puis mettre 5 min au four à 180 °C (350 °F). Pendant ce temps, réchauffer légèrement l'émulsion de poivron. Sauter les aubergines, les champignons et les légumes de saison dans le beurre.

Dressage : Mettre les galettes au centre des assiettes, garnir avec l'émulsion de poivron et les autres légumes.

Tortiglioni, escargots, tomates séchées, fines herbes et ail

4 portions

Dans une grande casserole, faire bouillir l'eau et le sel. Ajouter les tortiglioni et cuire 8 min *(al dente)*. Égoutter et réserver. Verser l'huile d'olive dans une grande casserole à feu élevé. Ajouter les escargots, les tomates séchées, les fines herbes et l'ail. Sauter 1 min à feu vif, saler et poivrer. Mélanger avec les pâtes encore chaudes, rectifier l'assaisonnement puis sauter 1 min. Servir dans des bols.

PRÉPARATION

INGRÉDIENTS

- 2 litres (8 tasses) d'eau
- 2 c. à café (2 c. à thé) de sel
- 1 boîte de tortiglioni
- 75 ml (⅓ tasse) d'huile d'olive extravierge
- 32 escargots
- 45 g (¼ tasse) de tomates séchées ciselées
- 1 c. à soupe de ciboulette
- 1 c. à soupe de persil
- 1 c. à soupe de basilic
- 1 gousse d'ail
- Sel et poivre fraîchement moulu

POISSONS ET FRUITS DE MER

RESTAURANT
CHEZ L'ÉPICIER
Nº 311
ST-PAUL EST
MTL
ET BAR À VIN

Filet d'omble chevalier en croûte d'olives noires, sauce vierge et fricassée de pomme de terre ratte et fenouil

4 portions

Ce plat est également exquis servi froid comme salade repas. La carotte boule est une variété de carotte ronde miniature.

Croûte d'olives noires : Passer les olives et l'huile d'olive 1 min au mélangeur pour obtenir une purée. Verser dans un bol, ajouter la chapelure et le parmesan et remuer avec une cuillère de bois. Ajouter le thym et les câpres. Réserver dans le réfrigérateur.

Sauce vierge : Verser l'huile d'olive dans une petite casserole. Faire chauffer légèrement, ajouter les oignons et faire revenir jusqu'à ce qu'ils soient transparents. Ajouter les tomates et retirer du feu immédiatement. Ajouter l'aneth, le basilic, le pernod, le sel, le poivre et le jus de citron. Remuer et réserver.

Fricassée de pomme de terre : Couper les pommes de terre en tranches de 0,5 cm (¼ po) d'épaisseur. Chauffer le beurre dans une casserole. Quand il commence à devenir mousseux, ajouter les pommes de terre et le fenouil. Sauter 8 min à feu vif en remuant pour empêcher de coller. Déglacer au vin blanc et faire réduire de moitié. Ajouter la crème et cuire 5 min. Retirer du feu. Ajouter l'aneth, le sel et le poivre. Réserver.

Garniture : Cuire les carottes dans l'eau bouillante salée environ 8 min *(al dente)*. Sauter au beurre, saler et poivrer. Réserver.

Poisson : Saler et poivrer le poisson. Étendre un peu de croûte d'olives noires sur les filets. Chauffer l'huile d'olive dans une poêle et déposer les filets à l'aide d'une spatule, croûte d'olive sur le dessus. Rôtir 3 min à feu moyen sans les retourner. Ajouter les carottes pour les réchauffer et terminer la cuisson 2 min au four à 200 °C (400 °F) pour faire croûter légèrement les olives noires.

Dressage : Tiédir la sauce vierge au four à micro-ondes ou dans une poêle. Mettre la fricassée de pomme de terre encore chaude dans un bol ou une assiette. Couvrir avec le poisson, garnir avec un peu de sauce vierge tout autour et décorer avec les carottes.

INGRÉDIENTS

CROÛTE D'OLIVES NOIRES
- 20 olives de Calamata dénoyautées
- 60 ml (¼ tasse) d'huile d'olive extravierge
- 1 c. à soupe de chapelure
- 1 c. à soupe de parmesan
- 1 c. à café (1 c. à thé) de thym frais haché
- 12 câpres hachées finement

SAUCE VIERGE
- 125 ml (½ tasse) d'huile d'olive extravierge
- 2 c. à soupe d'oignons hachés finement
- 1 tomate en dés
- 1 c. à soupe d'aneth frais ciselé
- 1 c. à soupe de basilic frais ciselé
- 1 c. à café (1 c. à thé) de pernod
- Sel et poivre fraîchement moulu
- 2 c. à soupe de jus de citron

FRICASSÉE DE POMME DE TERRE
- 360 g (12 oz) de pommes de terre rattes lavées
- 60 g (¼ tasse) de beurre
- 1 bulbe de fenouil en dés de 1 cm (½ po)
- 125 ml (½ tasse) de vin blanc
- 200 ml (¾ tasse + 1 c. à soupe) de crème épaisse (35 %)
- 1 c. à café (1 c. à thé) d'aneth frais ciselé
- Sel et poivre fraîchement moulu

GARNITURE
- 12 carottes boules ou ordinaires
- 1 c. à café (1 c. à thé) de beurre
- Sel et poivre

POISSON
- 4 filets d'omble chevalier sans peau de 150 g (5 oz) chacun
- Sel et poivre fraîchement moulu
- 1 c. à soupe d'huile d'olive

Mijoté de saumon à la moutarde violette et à la menthe fraîche

4 portions

INGRÉDIENTS

- 1 c. à soupe de beurre
- Échalotes grises
- 60 ml (¼ tasse) de vin blanc
- 425 ml (1 ¾ tasse) de fumet de poisson
- 2 c. à soupe de farine
- 125 ml (½ tasse) de crème épaisse (35 %)
- 60 ml (¼ tasse) de moutarde violette
- 100 g (3 ½ oz) de carottes en bâtonnets
- 100 g (3 ½ oz) de haricots extrafins
- 100 g (3 ½ oz) de pommes de terre grelots
- 90 g (3 oz) de fenouil en cubes
- 100 g (3 ½ oz) de pois sucrés
- 720 g (1 ½ lb) de saumon atlantique en cubes de 2 cm (1 po)
- 2 c. à soupe de menthe fraîche ciselée

Servez le mijoté dans une soupière que vous mettrez sur la table afin que tous puissent se servir de manière conviviale lors d'un repas entre amis.

- Faire suer les échalotes dans le beurre. Ajouter le vin et réduire de moitié. Ajouter le fumet de poisson. Amener à ébullition et faire réduire aux trois quarts. Fouetter la farine dans la crème et verser dans le bouillon en fouettant vigoureusement. Cuire 10 min puis ajouter la moutarde.

- Pendant ce temps, blanchir les légumes à l'eau salée 5 min. Refroidir et réserver. Verser les cubes de saumon dans la sauce avec les légumes et la menthe. Laisser mijoter 5 min et servir.

Brandade de morue aux pommes de terre bleues en mille-feuille du pauvre, crème de pernod aux champignons

4 portions

Si vous n'avez pas de baguette de pain, aplatissez des tranches de pain ordinaire à l'aide d'un rouleau à pâte.

Brandade : Mettre les filets de morue dans une grande casserole avec le vin et la crème. Cuire environ 8 min, jusqu'à ce qu'ils se détachent bien. Réserver. Cuire les pommes de terre à l'eau salée. Lorsque la pointe d'un couteau ressort facilement de la chair, les égoutter et les piler. Ajouter morue et le beurre. Bien remuer à l'aide d'une cuillère de bois. Saler au besoin puis ajouter l'aneth.

Crème de pernod aux champignons : Mélanger les échalotes et les champignons. Faire fondre le beurre dans une casserole jusqu'à ce qu'il devienne mousseux. Bien faire revenir les échalotes et les champignons. Déglacer au vin blanc puis au pernod. Ajouter le fumet de poisson, faire réduire de moitié, ajouter la crème et laisser frémir 5 min. Réserver.

Croûtons : Couper la baguette de biais en fines tranches pour obtenir des tranches les plus longues possibles (compter 3 tranches par personne). Badigeonner avec un filet d'huile d'olive puis dorer 5 min au four préchauffé à 200 °C (400 °F). Réserver.

Légumes au pesto de roquette : Blanchir les haricots à l'eau salée et les refroidir immédiatement à l'eau glacée. Réserver dans un bac. Blanchir les navets à l'eau salée environ 8 min. Refroidir à l'eau glacée et réserver avec les haricots. Chauffer une poêle et faire revenir les oignons 3 min dans le beurre. Ajouter les haricots et les navets et sauter quelques secondes. Ajouter le pesto, le sel et le poivre et bien remuer.

Dressage : Si la brandade n'est plus bien chaude, la réchauffer quelques secondes au four à micro-ondes. Faire de même pour la crème de pernod et les légumes. Dans une grande assiette, faire des quenelles avec la purée de brandade à l'aide de deux grosses cuillères. Prendre un peu de purée dans une cuillère et, à l'aide de l'autre cuillère, prendre la purée en la ramenant vers soi et en grattant minutieusement le fond de la cuillère. Nettoyer les cuillères et recommencer. Mettre trois quenelles par assiette et disposer des croûtons entre elles. Napper avec un peu de crème de pernod aux champignons et accompagner de légumes.

INGRÉDIENTS

BRANDADE
- 600 g (20 oz) de filets de morue fraîche (enlever minutieusement les arêtes)
- 60 ml (1/4 tasse) de vin blanc
- 125 ml (1/2 tasse) de crème
- 480 g (1 lb) de pommes de terre bleues pelées
- 1 litre (4 tasses) d'eau
- 1 pincée de sel
- 60 g (1/4 tasse) de beurre
- 1 c. à soupe d'aneth frais haché finement

CRÈME DE PERNOD AUX CHAMPIGNONS
- 2 échalotes grises en fines tranches
- 150 g (1 tasse) de champignons en tranches
- 1 c. à soupe de beurre
- 75 ml (1/3 tasse) de vin blanc
- 1 c. à soupe de pernod
- 125 ml (1/2 tasse) de fumet de poisson
- 60 ml (1/4 tasse) de crème

CROÛTONS
- 1 baguette
- Huile d'olive extravierge

LÉGUMES AU PESTO DE ROQUETTE
- 24 haricots fins parés
- 6 navets en bâtonnets
- 1 oignon en rondelles de 0,5 cm (1/4 po) d'épaisseur
- 1 c. à soupe de beurre
- 2 c. à soupe de pesto de roquette (p. 62)
- Sel et poivre fraîchement moulu

Pavé de colin poché au lait de panais, échalotes confites et polenta crémeuse au Victor et Berthold

4 portions

INGREDIENTS

LAIT DE PANAIS

- 1 c. à café (1 c. à thé) de beurre
- 30 g (¼ tasse) d'oignons émincés
- 2 panais pelés et coupés en rondelles
- 125 ml (½ tasse) de bouillon de volaille
- Sel et poivre
- 75 ml (⅓ tasse) de lait
- 60 ml (¼ tasse) de crème

ÉCHALOTES CONFITES

- 20 échalotes grises
- 1 c. à café (1 c. à thé) de beurre
- Sel et poivre
- 1 c. à soupe de basilic ciselé

POLENTA CRÉMEUSE

- 125 ml (½ tasse) de lait
- 2 c. à soupe de beurre
- 45 g (¼ tasse) de farine de maïs
- 100 g (3 ⅓ oz) de fromage Victor et Berthold ou autre fromage à pâte semi-ferme

FONDUE DE TOMATE

- 1 tomate fraîche
- 1 c. à soupe d'huile d'olive
- 1 c. à soupe d'oignons en brunoise
- 60 ml (¼ tasse) de vin blanc
- 1 c. à soupe de pâte de tomate
- 1 c. à café (1 c. à thé) de sucre
- 1 goutte de tabasco
- Sel et poivre
- 1 c. à soupe de pignons

POISSON

- 4 colins de 150 g (5 oz) chacun
- Sel et poivre fraîchement moulu

PREPARATION

À l'aide d'une cuillère, prenez le temps d'arroser le poisson avec du lait de panais en cours de cuisson. Son goût n'en sera que meilleur.

Lait de panais : Faire fondre le beurre dans une casserole. Ajouter les oignons et les panais. Faire revenir jusqu'à légère coloration. Déglacer au bouillon de volaille et cuire 20 min. Passer au mélangeur pour obtenir un bouillon. Saler et poivrer. Remettre dans la casserole. Ajouter le lait et la crème et réserver.

Échalotes confites : Préchauffer le four à 180 °C (350 °F). Étendre les échalotes sur une plaque et cuire 45 min. Laisser refroidir à la température ambiante. Lorsqu'elles seront tièdes, presser fermement sur le bulbe (près de la racine) pour les sortir de leur pelure. Mélanger avec le beurre, le sel, le poivre et le basilic. Réserver.

Polenta crémeuse : Faire bouillir le lait dans une casserole. Ajouter le beurre et la farine de maïs. À l'aide d'un fouet, remuer vigoureusement pour éviter la formation de grumeaux. Ajouter le fromage et remuer de 2 à 3 min à l'aide d'une cuillère de bois. Couvrir et réserver.

Fondue de tomate : Enlever le pédoncule de la tomate et faire une incision en forme de croix sur la partie inférieure en ne pénétrant pas trop profondément dans la chair. Plonger la tomate dans l'eau bouillante salée environ 30 sec et refroidir immédiatement à l'eau glacée. Peler la tomate, la couper en quatre, enlever les pépins et le jus. Couper la chair en petits dés et réserver dans un petit bol. Dans une casserole, faire suer les oignons dans l'huile d'olive. Ajouter les tomates en dés et le vin. Ajouter la pâte de tomate, le sucre et le tabasco. Laisser mijoter à feu moyen de 8 à 10 min, jusqu'à ce que le liquide soit complètement évaporé. Rectifier l'assaisonnement au besoin. Faire griller les pignons 5 min à 180 °C (350 °F) et les ajouter à la fondue.

Poisson : Mettre les poissons dans une casserole à bords élevés. Couvrir avec le lait de panais et cuire environ 12 min au four préchauffé à 180 °C (350 °F).

Dressage : Réchauffer les échalotes confites. S'assurer que la polenta et la fondue de tomate sont bien chaudes. Mettre le colin dans une assiette, verser le lait de panais par-dessus. Faire un trait de polenta crémeuse à côté, garnir avec les échalotes confites et déposer un peu de fondue de tomate sur le dessus.

Bar rôti, crémée de pomme de terre Fingerling, épinards à l'anis et bouillon de curcuma

4 portions

Demandez à votre poissonnier de préparer les filets pour vous. Assaisonnez le poisson seulement après l'avoir saisi, ce qui l'empêchera de coller au fond de la poêle. On peut se procurer facilement des racines de curcuma dans les épiceries orientales.

Crémée de pomme de terre : Faire bouillir l'eau et le sel dans une casserole. Ajouter les pommes de terre et les cuire 15 min. Égoutter et mettre dans un bol. À l'aide d'une grosse fourchette, les concasser pour obtenir une purée grossière contenant de gros morceaux. Ajouter la crème, le beurre, le sel et le poivre et bien remuer. Ajouter la ciboulette et réserver.

Bouillon de curcuma : Dans une casserole, faire fondre le beurre et faire revenir les échalotes 2 min, jusqu'à légère coloration. Ajouter les racines de curcuma et faire revenir 1 min. Ajouter le vin et laisser réduire de moitié. Ajouter le fumet de poisson et laisser réduire de moitié. Verser la crème puis passer le tout au mélangeur 2 min à vitesse rapide. Passer au tamis, rectifier l'assaisonnement au besoin et réserver au chaud.

Garniture : Dans une casserole, mettre le fenouil, le jus d'orange, le safran, 1 c. à café (1 c. à thé) de beurre, le sel et le poivre. Cuire 5 min et réserver. Faire fondre le beurre restant dans une autre poêle. Ajouter les épinards et faire revenir quelques instants jusqu'à ce qu'ils commencent à tomber. Ajouter le pernod, le sel et le poivre. Remuer et réserver au chaud.

Poisson : Saler et poivrer les filets. Faire chauffer une poêle à feu vif avec l'huile d'olive. Lorsque l'huile commence à fumer, cuire le poisson 2 min d'un côté puis 1 min de l'autre. Retirer la poêle du feu.

Dressage : Verser la crémée de pomme de terre dans un bol. Couvrir avec les épinards. Déposer les filets encore chauds. Napper de bouillon de curcuma et garnir avec le fenouil.

INGRÉDIENTS

CRÉMÉE DE POMME DE TERRE
- 500 ml (2 tasses) d'eau
- 1 pincée de sel
- 240 g (8 oz) de pommes de terre Fingerling
- 250 ml (1 tasse) de crème
- 80 g (⅓ tasse) de beurre
- Sel et poivre fraîchement moulu
- 1 c. à soupe de ciboulette fraîche hachée

BOUILLON DE CURCUMA
- 1 c. à soupe de beurre
- 2 échalotes grises
- 2 racines de curcuma pelées et émincées
- 75 ml (⅓ tasse) de vin blanc
- 125 ml (½ tasse) de fumet de poisson
- 60 ml (¼ tasse) de crème
- Sel et poivre

GARNITURE
- 1 fenouil pelé et coupé en julienne
- 2 c. à soupe de jus d'orange
- 1 pincée de safran
- 2 c. à café (2 c. à thé) de beurre
- Sel et poivre
- 500 ml (2 tasses) d'épinards
- 1 c. à café (1 c. à thé) de pernod

POISSON
- 2 bars rayés de 480 g (1 lb) chacun, filetés, sans arêtes et sans peau
- Sel et poivre
- 1 c. à soupe d'huile d'olive

Cocotte de queues de homard aux vapeurs de basilic, pinces en lasagne, lait de coco au cari rouge

Cocotte de queues de homard aux vapeurs de basilic, pinces en lasagne, lait de coco au cari rouge

4 portions

Cette recette de sauce au cari rouge est semblable à celle des caris thaïlandais. Préparez-en une plus grande quantité que vous pourrez servir lors de vos prochains repas avec du poulet, des moules ou des crevettes.

Cocotte de queues de homard : Cuire les homards 6 min dans l'eau bouillante. Laisser refroidir. Enlever la carapace en prenant soin de la garder la plus entière possible.

Lasagne : Cuire les pâtes 7 min à l'eau bouillante salée. Égoutter, ajouter un filet d'huile d'olive et laisser refroidir dans le réfrigérateur. Faire chauffer l'huile d'olive dans une casserole et faire revenir les poivrons, les échalotes et les oignons 2 min en remuant de temps à autre pour éviter qu'ils ne colorent. Ajouter les ananas et réserver dans un bol.

Lait de coco au cari rouge : Mélanger la citronnelle, l'ail et la pâte de cari. Dans une casserole, chauffer l'huile végétale et faire revenir ce mélange 2 min à feu moyen. Ajouter les feuilles de lime et remuer quelques secondes à l'aide d'une spatule de bois. Verser le lait de coco. Amener à ébullition, ajouter la sauce de poisson et le sucre brun. Laisser mijoter 15 min à feu doux. Passer dans un tamis et ne récupérer que la sauce.

Crème fouettée au cari rouge : Monter la crème aux trois quarts et ajouter le cari. Fouetter jusqu'à ce qu'elle fasse des pics et réserver.

Dressage : Faire chauffer 125 ml (½ tasse) de lait de coco au cari rouge dans une poêle. Ajouter les queues de homard, les champignons et le basilic. Réchauffer 2 min et verser dans des petites cocottes individuelles. Dans une poêle, chauffer le beurre jusqu'à coloration noisette. À l'aide d'une cuillère, napper les queues de homard avec le beurre fondu. Couvrir les cocottes et garder au chaud dans le four à 95 °C (200 °F) pendant le dressage.

• Déglacer les légumes sautés avec le lait de coco restant et chauffer 5 min. Faire fondre une noix de beurre, ajouter les pinces de homard, bien assaisonner puis sauter 1 min de chaque côté. Dans chaque assiette individuelle, déposer une cuillerée de légumes, couvrir avec une pâte à lasagne et répéter. Refaire la même chose avec d'autres légumes et une autre pâte et terminer avec deux pinces de homard. Prendre le beurre resté dans la poêle à l'aide d'une cuillère pour en badigeonner les lasagnes. Mettre une petite cuillerée de crème fouettée au cari sur chacune des pâtes, mettre la cocotte dans l'assiette et servir.

INGRÉDIENTS

COCOTTE DE QUEUES DE HOMARD
- 4 homards de 480 à 720 g (1 à 1 ½ lb) chacun
- 75 g (½ tasse) de champignons émincés
- 125 ml (½ tasse) de basilic thaï
- 1 c. à soupe de beurre

LASAGNE
- 8 pâtes à lasagne de 15 cm (6 po), fraîches de préférence
- 1 c. à soupe d'huile d'olive
- 1 poivron rouge en dés de 1 cm (½ po)
- 1 poivron vert en dés de 1 cm (½ po)
- 1 poivron jaune en dés de 1 cm (½ po)
- 1 échalote verte en dés de 1 cm (½ po)
- 1 petit oignon rouge en dés de 1 cm (½ po)
- 60 ml (¼ tasse) d'ananas en dés
- 8 pinces de homard

LAIT DE COCO AU CARI ROUGE
- 1 bâton de citronnelle émincé
- 1 gousse d'ail émincée
- 1 c. à soupe de pâte de cari rouge
- 1 c. à soupe d'huile végétale
- 4 feuilles de lime (citron vert)
- 1 boîte de lait de coco
- 1 c. à café (1 c. à thé) de sauce de poisson
- 1 c. à café (1 c. à thé) de sucre brun

CRÈME FOUETTÉE AU CARI ROUGE
- 60 ml (¼ tasse) de crème fouettée
- 1 c. à café (1 c. à thé) de cari rouge

Fish and chips de lotte, poudre d'olives, crème de tomate et feuilles de chou

4 portions

INGREDIENTS

FISH AND CHIPS
- 2 pommes de terre Idaho pelées et coupées en 36 fines tranches sur la longueur
- Sel et poivre
- 4 filets de lotte de 180 g (6 oz) et de 10 cm (4 po) de largeur chacun
- Beurre

POUDRE D'OLIVES
- 10 olives de Calamata dénoyautées

CRÈME DE TOMATE
- 1 c. à café (1 c. à thé) de beurre
- ½ oignon émincé
- 3 tomates en quartiers
- 75 ml (⅓ tasse) de vin blanc
- 125 ml (½ tasse) de bouillon de volaille
- 75 ml (⅓ tasse) d'huile d'olive extravierge
- Sel et poivre fraîchement moulu

GARNITURE
- Chou de Savoie émincé finement
- Vin blanc
- Sel et poivre fraîchement moulu

PRÉPARATION

Il est préférable de préparer cette recette au moins 6 h à l'avance.

Fish and chips : Étendre de la pellicule plastique sur un plan de travail. Déposer 9 tranches de pommes de terre en les faisant se chevaucher (3 tranches verticales x 3 tranches horizontales). Saler et poivrer généreusement. Mettre un filet de poisson par-dessus. Rouler à l'aide de la pellicule plastique. Répéter la même chose pour faire trois autres fish and chips. Réserver 30 min dans le réfrigérateur.

Poudre d'olives : Faire sécher les olives 4 h au four à 80 °C (175 °F). Réduire en fine poudre à l'aide du robot de cuisine et réserver.

Crème de tomate : Dans une casserole, faire fondre le beurre à feu moyen-élevé. Faire revenir les oignons et les tomates. Déglacer au vin blanc et au bouillon de volaille. Cuire 20 min puis passer au mélangeur 2 min pour obtenir une crème lisse. Pendant que l'appareil continue de fonctionner, verser doucement l'huile d'olive pour que la sauce soit plus onctueuse. Rectifier l'assaisonnement au besoin et réserver.

Garniture : Dans une casserole, cuire le chou au vin blanc environ 20 min à feu moyen. Assaisonner au besoin. Bien assaisonner l'extérieur des fish and chips. Mettre une poêle antiadhésive à feu élevé. Ajouter le beurre et laisser chauffer jusqu'à ce qu'il devienne mousseux. Baisser la température à feu moyen. Sortir minutieusement les fish and chips de la pellicule plastique et les mettre dans la poêle. Faire rôtir doucement en les laissant colorer et en les retournant souvent. Terminer la cuisson 5 min au four à 190 °C (375 °F).

Dressage : Pendant ce temps, étendre le chou dans des assiettes individuelles. Verser un peu de crème de tomate et déposer le poisson au centre. Garnir avec de la poudre d'olives et servir.

Soupe repas aux fruits de mer, bouillon épicé et rouelles de légumes marinés

4 portions

Faites mariner les légumes la veille pour qu'ils aient plus de goût.

Rouelles de légumes marinés : Mélanger les oignons, les carottes, les poivrons, les pois mange-tout et la mangue. Mélanger avec le vinaigre de riz, l'huile de sésame, l'huile de canola, l'ail et le miso. Saler et poivrer. Mettre dans le réfrigérateur environ 30 min. Bien égoutter la marinade. Étendre les feuilles de chou chinois et les couper en deux dans le sens de la longueur. Mettre un peu de légumes au milieu et faire des rouleaux (trois par personne). Mettre les rouleaux dans une assiette.

Soupe aux fruits de mer : Amener le bouillon à ébullition et y plonger doucement les moules et les palourdes. Cuire 2 min. Ajouter les pétoncles, les crevettes et les calmars. Cuire 1 min de plus et éteindre le feu.

Dressage : Mettre les vermicelles dans des grands bols et ajouter un peu de coriandre. À l'aide d'une louche, verser le bouillon et les fruits de mer. Servir avec les rouelles de légumes marinés.

ROUELLES DE LÉGUMES MARINÉS
- 1 oignon rouge émincé
- 1 carotte en julienne
- 2 poivrons jaunes en julienne
- 12 pois mange-tout en julienne
- 1 mangue en julienne
- 1 c. à soupe de vinaigre de riz
- 2 c. à soupe d'huile de sésame
- 60 ml (¼ tasse) d'huile de canola
- 1 petite gousse d'ail hachée
- 1 c. à soupe de miso
- Sel et poivre
- Feuilles d'un chou chinois

SOUPE AUX FRUITS DE MER
- Bouillon de légumes épicé (p. 18)
- 20 moules nettoyées et ébarbées
- 12 palourdes nettoyées
- 12 pétoncles
- 16 crevettes décortiquées et déveinées
- 2 calmars nettoyés et coupés en fines tranches
- 1 paquet de vermicelles de riz trempés 30 min dans l'eau froide
- 1 botte de coriandre fraîche effeuillée et bien lavée

INGREDIENTS

JUS DE VEAU AU SOJA
- 1 litre (4 tasses) de fond de veau
- 125 ml (½ tasse) de crème
- 60 ml (¼ tasse) de sauce soja

CHOW MEIN AU GINGEMBRE
- 250 ml (1 tasse) de chou chinois émincé
- 1 petit oignon émincé
- 100 g (½ tasse) de carottes en fines rondelles
- 1 oignon vert ciselé
- 60 g (½ tasse) de germes de soja
- 1 branche de céleri coupée très finement en biais
- Huile végétale
- 1 c. à soupe de gingembre frais râpé
- Sel et poivre fraîchement moulu

CREVETTES
- 8 crevettes géantes (10 à 12 par kg)
- 1 c. à soupe de beurre
- Huile d'olive
- Sel et poivre fraîchement moulu

FOIE GRAS
- 400 g (13 oz) de foie gras frais de première qualité coupé en 4 escalopes
- Poivre fraîchement moulu

Foie gras poché au jus de veau au soja, crevettes rôties et chow mein au gingembre
4 portions

PRÉPARATION

Prenez soin de choisir du foie gras de première qualité afin d'éviter la présence de nervures qui sont désagréables en bouche.

Jus de veau au soja : Faire bouillir le fond de veau dans une casserole jusqu'à ce qu'il réduise à 250 ml (1 tasse). Ajouter la crème et la sauce soja et laisser frémir 2 min. Réserver dans une grande casserole pouvant contenir les tranches de foie gras.

Chow mein au gingembre : Mélanger le chou chinois, les oignons, les carottes, les oignons verts, les germes de soja et le céleri.

Service : Chauffer une poêle de type wok et une autre poêle pour les crevettes. Verser l'huile végétale dans la poêle de type wok. Ajouter le gingembre et le mélange de légumes. Sauter 3 min à feu vif. Saler et poivrer au goût. Faire fondre le beurre avec un peu d'huile dans la deuxième poêle. Saler et poivrer les crevettes et les sauter 4 min à feu vif. Faire mijoter le jus de veau et y faire cuire le foie gras 2 min. Retourner à l'aide d'une spatule et laisser cuire 1 min de plus. Éteindre le feu.

Dressage : Mettre le chow mein dans des bols creux et couvrir avec les escalopes de foie gras. Verser la sauce dans des assiettes, déposer les crevettes par-dessus et servir.

Chaud froid de homard

4 portions

Cette recette peut paraitre un peu longue à concocter,
mais avec un peu d'organisation et de préparation,
le jeu en vaut la chandelle.

Glace à l'avocat : Peler et dénoyauter l'avocat. Couper en quartiers et mettre
dans un bol. Dans une casserole, amener à ébullition la crème, le glucose,
le jus de citron et un peu de sel et de poivre. Verser dans un bol contenant
le jaune d'œuf. Mélanger immédiatement à l'aide d'un fouet jusqu'à ce que
le tout soit homogène puis remettre sur le feu 30 sec. Retirer du feu et
mélanger avec l'avocat. Réduire en purée bien lisse au mélangeur à vitesse
rapide. Passer au chinois et garder 3 h dans le congélateur. Pour terminer
la glace à l'avocat, il suffira de mettre celle-ci 1 min dans le robot de
cuisine pour obtenir une crème bien lisse puis la remettre dans le
congélateur 30 min avant le dressage pour lui donner le temps de refroidir.

Bisque blanche : Mettre une casserole à bords hauts à feu élevé. Ajouter
l'huile de canola. Quand elle commence à être chaude, ajouter les carcasses
de homard et les faire revenir avec les oignons. Déglacer au vin blanc puis
au cognac. Ajouter le fumet de poisson et laisser frémir environ 20 min.
Passer au chinois et faire réduire de moitié à feu élevé. Ajouter la crème,
le sel et le poivre. Réserver au chaud.

Fouetté au curcuma : Monter la crème fouettée puis ajouter le curcuma.
Réserver dans le réfrigérateur.

Homard : Passer les queues de homard dans la farine puis dans la pâte à
tempura. Bien égoutter et plonger dans la friture pour obtenir une pâte
croustillante. Sortir de l'huile et égoutter sur du papier absorbant.
Assaisonner et réserver pour le montage.

Mayonnaise à l'huile de truffe : Verser un peu d'eau dans une casserole mise à
feu élevé. Dans un bol pouvant aller au-dessus de la casserole, mettre les
jaunes d'œufs et la moutarde. Fouetter rapidement pour empêcher les jaunes
de cuire. Ajouter en filet fin l'huile de truffe et l'huile de pépins de raisin.
Lorsque la consistance est épaisse comme une mayonnaise, retirer du feu,
ajouter le sel, le poivre et le jus de citron. Réserver.

Dressage : Verser la bisque dans des petites tasses à espresso bien chaudes.
Ajouter une cuillerée de crème fouettée au curcuma sur le dessus et déposer
une tasse dans chacune des assiettes. Mettre une pince de homard et un
peu de mayonnaise chaude au centre de l'assiette. Garnir avec cinq
tranches de concombre placées en rond. Déposer la queue de homard
frite par-dessus puis garnir d'une petite quenelle de glace à l'avocat.

INGREDIENTS

GLACE À L'AVOCAT
- 1 avocat mûr
- 75 ml (⅓ tasse) de crème
- 1 c. à café (1 c. à thé) de glucose
- Jus d'un citron
- Sel et poivre
- 1 jaune d'œuf

BISQUE BLANCHE
- 1 c. à soupe d'huile de canola
- 2 carcasses de homard
- 1 oignon émincé
- 125 ml (½ tasse) de vin blanc
- 1 c. à soupe de cognac
- 250 ml (1 tasse) de fumet de poisson
- 75 ml (⅓ tasse) de crème
- Sel et poivre

FOUETTÉ AU CURCUMA
- 60 ml (¼ tasse) de crème fouettée
- ½ c. à café (½ c. à thé) de curcuma en poudre
- 4 pinces de homard

HOMARD
- 2 queues de homard coupées en deux sur la longueur
- Farine
- Pâte à tempura vendue dans le commerce
- Huile à friture
- Sel
- 1 concombre en fines tranches

MAYONNAISE À L'HUILE DE TRUFFE
- 2 jaunes d'œufs
- 1 c. à café (1 c. à thé) de moutarde de Dijon
- 2 c. à soupe d'huile de truffe
- 60 ml (¼ tasse) d'huile de pépins de raisin
- Sel et poivre
- ½ c. à café (½ c. à thé) de jus de citron

RESTAURANT
CHEZ L'ÉPICIER
N°311
ST-PAUL EST
MTL
ET BAR À VIN

Risotto de canard confit, oignons frits, jus au vinaigre de xérès et carottes glacées au miel de truffe

4 portions

INGREDIENTS
PRÉPARATION

RISOTTO

- 80 g (¹/₃ tasse) de beurre
- 50 g (¹/₄ tasse) d'oignons hachés
- 1 gousse d'ail hachée
- 300 g (1 ¹/₂ tasse) de riz arborio
- 250 ml (1 tasse) de vin blanc
- 750 ml (3 tasses) de bouillon de volaille
- 150 g (³/₄ tasse) de chanterelles bien nettoyées et coupées en quartiers
- 3 cuisses de canard confit effilochées
- 3 c. à soupe de persil frais haché finement
- 75 ml (¹/₃ tasse) de crème
- 80 g (¹/₃ tasse) de beurre
- 30 g (¹/₄ tasse) de parmesan
- Sel et poivre

JUS AU VIEUX VINAIGRE DE XÉRÈS

- 1 c. à café (1 c. à thé) de beurre
- 2 échalotes grises hachées
- 125 ml (¹/₂ tasse) de vieux vinaigre de xérès d'au moins 15 ans si possible
- 1 c. à café (1 c. à thé) de sucre
- 250 ml (1 tasse) de fond brun de veau
- Sel et poivre
- 1 c. à café (1 c. à thé) de beurre

CAROTTES GLACÉES AU MIEL DE TRUFFE

- 12 carottes miniatures pelées
- 1 c. à soupe de miel de truffe ou de miel ordinaire
- 1 c. à soupe de beurre
- Sel et poivre fraîchement moulu

OIGNONS FRITS

- 1 oignon blanc en rondelles
- 45 g (¹/₄ tasse) de farine
- 1 c. à soupe de beurre
- Sel

Si vous n'avez pas le temps de préparer les cuisses de canard, vous en trouverez d'excellentes sur le marché.

Risotto : Faire fondre le beurre dans une casserole. Ajouter les oignons et l'ail et faire revenir doucement jusqu'à ce qu'ils commencent à blondir. Ajouter le riz et continuer à faire revenir au beurre jusqu'à ce qu'il devienne un peu lustré. Ajouter le quart du vin blanc et le quart du bouillon. Remuer souvent pour empêcher le riz de coller et laisser frémir doucement pendant 5 min. Ajouter le quart du vin et du bouillon et cuire 5 min sans cesser de remuer. Répéter la même chose deux autres fois jusqu'à ce qu'il ne reste plus de vin ni de bouillon. Ne pas oublier de remuer souvent. Lorsque le riz est cuit, réserver.

Jus au vieux vinaigre de xérès : Faire fondre le beurre dans une casserole et faire revenir les échalotes jusqu'à ce qu'elles commencent à rissoler. Déglacer au vieux vinaigre de xérès, ajouter le sucre et faire réduire de moitié. Ajouter ensuite le fond brun de veau et faire réduire encore de moitié. Saler, poivrer et ajouter le beurre. Remuer et réserver. (Si on veut une sauce plus épaisse, il est possible de la lier.)

Carottes glacées au miel de truffe : Mettre les carottes dans une petite casserole puis couvrir d'eau salée. Cuire 5 min à feu élevé. Ajouter le miel, le beurre, le sel et le poivre. Cuire 2 min de plus. Vérifier la cuisson des carottes en insérant la pointe d'un couteau qui doit ressortir facilement. Retirer du feu et réserver.

Finition : Mélanger le riz avec les chanterelles, le canard confit, le persil, la crème, le beurre et le parmesan. Réchauffer de 7 à 8 min à feu moyen. Rectifier l'assaisonnement au besoin. Pendant ce temps, fariner les oignons. Dans une poêle, faire fondre le beurre, sauter les oignons jusqu'à ce qu'ils colorent légèrement. Ajouter un petit peu de sel, déposer sur du papier absorbant pour enlever le surplus de gras et réserver. Réchauffer les carottes glacées et le jus au vinaigre de xérès quelques secondes.

Dressage : Mouler le risotto dans un ramequin, un entonnoir ou un moule quelconque selon la forme désirée. Déposer au milieu de l'assiette, verser un peu de jus au vieux vinaigre de xérès, garnir de carottes glacées puis finir avec les oignons frits.

Suprêmes de pintade farcis à la mangue, moutarde forte et chou vert, crème de lard

4 portions

Vous n'aimez pas le chou ? Permettez-moi d'insister pour que vous goûtiez ce plat. Vous m'en donnerez des nouvelles...

Compotée de mangue et de chou : Mélanger la mangue et le chou. Mettre dans une casserole à feu moyen-élevé avec le vin, la moutarde, le sel et le poivre. Cuire jusqu'à première ébullition, baisser le feu à température moyenne et cuire environ 10 min pour obtenir une compote. Transvider dans un bol et laisser refroidir à la température ambiante.

Pintade : Préchauffer le four à 190 °C (375 °F). Pendant ce temps, à l'aide d'un couteau, faire une incision sur la partie arrière des suprêmes de pintade (près de l'os). Ouvrir les poitrines aux trois quarts. Farcir avec la compotée. Faire fondre le beurre dans une poêle à feu moyen jusqu'à coloration noisette. Saler et poivrer les suprêmes sur les deux faces. Saisir 2 min de chaque côté dans la poêle. Déposer sur une plaque et cuire 12 min au four.

Crème au lard : Faire fondre le beurre dans une casserole. Ajouter les échalotes et faire revenir légèrement. Ajouter le bacon et cuire jusqu'à légère coloration. Déglacer au vin blanc. Faire réduire de moitié, ajouter la crème et laisser mijoter 2 min. Passer le tout au mélangeur à vitesse rapide pour obtenir une crème. Passer au tamis puis réserver au chaud.

Garniture : Mettre les radis dans une petite poêle avec l'eau, le sucre, le beurre, le sel et le poivre. Couvrir et cuire ainsi de 7 à 8 min, jusqu'à ce que l'eau soit évaporée et que les radis soient cuits. Chauffer une poêle et sauter les choux de Bruxelles environ 30 sec avec l'eau et le beurre.

Dressage : Étendre de la crème de lard dans des assiettes individuelles. Déposer quelques radis au centre et quelques feuilles de choux de Bruxelles autour. Couper un suprême en deux, déposer au centre et servir.

COMPOTÉE DE MANGUE ET DE CHOU
- 1 mangue bien mûre pelée et coupée en cubes de 2 cm (1 po)
- 400 g (2 tasses) de chou de Savoie paré et coupé en cubes
- 75 ml (⅓ tasse) de vin blanc
- 60 ml (¼ tasse) de moutarde de Dijon
- Sel et poivre fraîchement moulu

PINTADE
- 4 suprêmes de pintade
- 1 c. à soupe de beurre
- Sel et poivre fraîchement moulu

CRÈME AU LARD
- 1 c. à café (1 c. à thé) de beurre
- 2 échalotes grises ciselées
- 60 g (⅓ tasse) de bacon en dés
- 125 ml (½ tasse) de vin blanc
- 125 ml (½ tasse) de crème

GARNITURE
- 36 radis de différentes variétés bien nettoyés
- 125 ml (½ tasse) d'eau
- 80 g (⅓ tasse) de sucre
- 60 g (¼ tasse) de beurre
- Sel et poivre
- 16 choux de Bruxelles effeuillés
- Eau
- Beurre

GARNITURE
- 12 haricots verts
- 1 c. à café (1 c. à thé) de beurre

Garniture : Blanchir les haricots à l'eau salée. Sauter au beurre.

Dressage : Préchauffer le four à 230 °C (450 °F). Mettre les ramequins 8 min sur la grille du bas. Mettre les cercles de pâte feuilletée sur chacun des tatins et cuire 2 min de plus. Pendant ce temps, verser la purée bien chaude au centre des assiettes individuelles. Renverser les tatins au centre de la purée et enlever doucement les ramequins. Napper avec un peu d'émulsion d'olives noires et garnir de haricots verts.

Paumes de ris de veau apprêtées à la Rossini

4 portions

Demandez à votre boucher les paumes de ris de veau de lait. Elles sont un peu plus coûteuses, mais leur qualité est incomparable.

Ris de veau : Chauffer le beurre dans une casserole et ajouter les légumes lorsqu'il commence à être mousseux. Faire suer 5 min. Déglacer au vin blanc, ajouter le citron, l'eau, le thym, le laurier et le poivre. Laisser mijoter environ 20 min. Déposer les paumes de ris de veau dans ce bouillon et cuire 15 min à feu doux. Éteindre le feu, transvider dans un bol et laisser reposer 30 min. Retirer les ris de veau du bouillon puis enlever la membrane qui les recouvre. Découper en 4 tranches et réserver dans le réfrigérateur.

Sauce : Faire fondre le beurre dans une casserole. Ajouter les échalotes et faire revenir jusqu'à légère coloration. Ajouter le vin et faire réduire de moitié. Ajouter le porto et faire réduire de moitié. Ajouter le fond de veau et faire réduire pour obtenir une consistance sirupeuse. Ajouter la crème de truffe. Remuer, rectifier l'assaisonnement au besoin et réserver au chaud.

Purée de pomme de terre : Faire bouillir les pommes de terre 30 min dans l'eau salée. Égoutter et passer dans un presse-purée. Mélanger avec le beurre, la crème, le sel et le poivre. Réserver au chaud.

Mitonnée de pâtissons : Faire fondre le beurre dans une casserole, ajouter les pâtissons, les tomates séchées et les pleurotes. Sauter 5 min. Ajouter l'ail, le persil, le sel et le poivre. Réserver.

Foie gras : Saler et poivrer les tranches de foie gras sur les deux faces. Chauffer une poêle à feu très vif et déposer les tranches. Cuire 1 min sur un seul côté pour les faire dorer légèrement. Retirer de la poêle puis déposer les tranches de ris de veau. Cuire à feu moyen jusqu'à ce qu'elles soient croustillantes et bien dorées. Retourner à l'aide d'une spatule et laisser colorer de la même façon. Retirer de la poêle. Enlever le gras restant de la poêle et remettre à feu élevé. Cuire le foie gras 1 min du côté non cuit. Réserver.

INGRÉDIENTS

RIS DE VEAU

- 1 c. à soupe de beurre
- 1 carotte en morceaux de 1 cm (½ po)
- 1 branche de céleri en morceaux de 1 cm (½ po)
- 1 petit oignon en morceaux de 1 cm (½ po)
- ½ poireau en morceaux de 1 cm (½ po)
- 125 ml (½ tasse) de vin blanc
- 1 citron en quartiers
- 1 litre (4 tasses) d'eau
- ½ c. à café (½ c. à thé) de thym
- 1 feuille de laurier
- 12 grains de poivre noir
- 400 g (14 oz) de paumes de ris de veau

SAUCE

- 1 c. à soupe de beurre
- 2 échalotes grises ciselées
- 60 ml (¼ tasse) de vin rouge
- 75 ml (⅓ tasse) de porto
- 175 ml (¾ tasse) de fond de veau
- 1 c. à soupe de crème de truffe
- Sel et poivre fraîchement moulu

PURÉE DE POMME DE TERRE

- 200 g (7 oz) de pommes de terre Yukon Gold épluchées
- 1 litre (4 tasses) d'eau
- 1 pincée de sel
- 60 ml (¼ tasse) de beurre
- 60 ml (¼ tasse) de crème
- Sel et poivre

Poitrines de canard rôties sur le coffre, rhubarbe pochée à l'anis et darphins de panais au basilic thaï

4 portions

CANARD
- 2 canards entiers sans les cuisses
- Sel et poivre au goût

RHUBARBE POCHÉE
- 500 ml (2 tasses) d'eau
- 180 g (³/₄ tasse) de sucre
- 1 c. à soupe de grains d'anis
- 4 branches de rhubarbe fraîche pelées et coupées en bâtonnets de 8 cm (3 po)

DARPHINS DE PANAIS
- 3 racines de panais râpées finement
- 2 œufs
- 60 ml (¹/₄ tasse) de crème épaisse (35 %)
- 1 bouquet de basilic thaï
- Sel et poivre au goût
- 2 c. à soupe de beurre

SAUCE
- 1 c. à soupe de beurre
- 1 c. à café (1 c. à thé) de grains d'anis
- 125 ml (¹/₂ tasse) de porto
- 250 ml (1 tasse) de fond de veau
- Sel et poivre

GARNITURE
- 200 g (1 tasse) de gourganes épluchées
- 1 c. à soupe de beurre
- Sel et poivre

Si vous ne trouvez pas de basilic thaï, remplacez-le par du basilic ordinaire et une pincée de cannelle.

Canard : Saler et poivrer les canards entiers et les garder dans le réfrigérateur jusqu'au moment de les faire cuire. Préchauffer le four à 200 °C (400 °F) et cuire les canards 8 min. Baisser la température à 180 °C (350 °F) et cuire 7 min de plus.

Rhubarbe pochée : Faire bouillir l'eau, le sucre et l'anis dans une casserole. Dès la première ébullition, faire pocher la rhubarbe jusqu'à ce que la pointe d'un couteau ressorte facilement de la chair. Retirer de la casserole et réserver.

Darphins de panais : Mélanger tous les ingrédients sauf le beurre. Façonner des galettes avec ce mélange. Dans une casserole antiadhésive, faire fondre le beurre à feu moyen-élevé. Quand il commence à être mousseux, déposer doucement les darphins à l'aide d'une spatule. Faire rôtir 3 min jusqu'à ce qu'ils commencent à dorer. Retourner les galettes. Déposer sur une plaque et mettre 10 min au four à 200 °C (400 °F). Réserver.

Sauce : Dans une casserole, faire fondre le beurre à feu moyen jusqu'à coloration noisette. Ajouter l'anis et le faire rôtir quelques secondes. Déglacer au porto et faire réduire de moitié. Ajouter le fond de veau et faire réduire de nouveau. Rectifier l'assaisonnement au besoin et réserver au chaud.

Garniture : Sauter les gourganes au beurre. Saler, poivrer et réserver.

Dressage : Sortir les canards du four puis lever les poitrines en séparant le coffre en deux à l'aide d'un couteau pointu. Soulever les poitrines des os en contournant ceux-ci. Découper en 3 morceaux. Réchauffer la rhubarbe au besoin puis la déposer dans le fond de l'assiette. Déposer les magrets de canard par-dessus puis garnir avec un peu de sauce. Couper les darphins en deux et les mettre dans l'assiette avec une cuillerée de gourganes encore chaudes.

Tatin d'agneau du Québec aux endives caramélisées, purée de chou-fleur au fromage de chèvre et émulsion d'olives noires

4 portions

Pour faire cette recette avec moins de gras, braisez l'agneau dans le fond d'agneau plutôt que dans le gras de couenne.

Tatin d'agneau : Préchauffer le four à 120 °C (250 °F). Dans une casserole convenant au four, déposer l'épaule d'agneau et le gras de canard. Couvrir et cuire 4 h au four. Pendant ce temps, sauter les oignons au beurre jusqu'à ce qu'ils caramélisent. Réserver. Lorsque l'agneau est prêt, le sortir du four et vérifier qu'il s'effiloche bien avec une fourchette. Le retirer du gras de canard et le mettre à égoutter 5 min pour qu'il se débarrasse complètement du gras. Pendant qu'il est encore chaud, mettre l'agneau dans un bol, ajouter les oignons puis remuer vigoureusement avec une cuillère de bois pour que le tout s'effiloche et s'amalgame bien. Ajouter l'huile d'olive, le sel et le poivre. Réserver.

• Faire fondre le beurre dans une casserole. Ajouter les endives et le sucre. Sauter à feu vif jusqu'à légère caramélisation et coloration des endives. Laisser tiédir dans un bol. Superposer les feuilles d'endives dans quatre ramequins de 10 cm (4 po) en couvrant toute la paroi intérieure. Remplir avec la préparation d'agneau et réserver.

• Préchauffer le four à 220 °C (425 °F) et mettre les cercles de pâte feuilletée sur une plaque recouverte de papier sulfurisé. Mettre au four 8 min. Baisser ensuite la température à 180 °C (350 °F) et cuire de 12 à 15 min de plus, jusqu'à ce que la pâte soit bien dorée. Retirer du four.

Purée de chou-fleur : Faire bouillir l'eau et le sel et faire cuire le chou-fleur. Égoutter et réduire en purée lisse au robot de cuisine. Ajouter le beurre et mélanger. Pendant ce temps, chauffer la crème et le fromage de chèvre dans une casserole en remuant souvent à l'aide d'une spatule de bois pour obtenir une pâte homogène. Verser sur la purée chaude et remuer 2 min. Vérifier l'assaisonnement et réserver au chaud.

Émulsion d'olives noires : Faire fondre le beurre dans une casserole, ajouter les échalotes et faire suer jusqu'à légère coloration. Déglacer au vin rouge et faire réduire de moitié. Ajouter le fond d'agneau, le thym et les olives. Faire réduire de moitié puis enlever les branches de thym. Passer au mélangeur à vitesse rapide 2 min pour obtenir une sauce lisse. Passer au tamis, ajouter le beurre et un peu de poivre. Réserver.

INGRÉDIENTS

TATIN D'AGNEAU
- 600 g (20 oz) d'épaule d'agneau désossée
- 1 litre (4 tasses) de gras de canard
- 2 oignons blancs émincés
- 1 c. à soupe de beurre
- 60 ml (¼ tasse) d'huile d'olive
- Sel et poivre fraîchement moulu
- 1 c. à café (1 c. à thé) de beurre
- Feuilles de 2 endives lavées et épongées
- 1 c. à café (1 c. à thé) de sucre
- 4 cercles de pâte feuilletée de 12 par 0,5 cm (5 x ¼ po) d'épaisseur

PURÉE DE CHOU-FLEUR
- 1 litre (4 tasses) d'eau
- 1 c. à café (1 c. à thé) de sel
- 200 g (1 tasse) de chou-fleur en bouquets
- 2 c. à soupe de beurre
- 60 ml (¼ tasse) de crème
- 100 g (3 ⅓ oz) de fromage de chèvre Saint-Isidore ou autre
- Sel et poivre blanc

ÉMULSION D'OLIVES NOIRES
- 1 c. à soupe de beurre
- 2 échalotes grises ciselées
- 75 ml (⅓ tasse) de vin rouge
- 175 ml (¾ tasse) de fond d'agneau ou de fond de veau
- 2 branches de thym
- 10 olives de Calamata dénoyautées
- 1 c. à café (1 c. à thé) de beurre non salé
- Poivre fraîchement moulu

MITONNÉE DE PÂTISSONS

- 60 g (¼ tasse) de beurre
- 8 pâtissons en quartiers
- 6 tomates séchées en julienne
- 70 g (⅓ tasse) de pleurotes émincés
- 1 gousse d'ail écrasée
- 1 c. à café (1 c. à thé) de persil
- Sel et poivre

FOIE GRAS

- 4 tranches de foie gras de 100 g (3 ½ oz) chacune
- Sel et poivre fraîchement moulu

Dressage : Mettre dans chacune des assiettes individuelles des emporte-pièce ou des cercles d'environ 10 cm (4 po) de diamètre. Déposer une tranche de ris de veau dans un emporte-pièce, puis déposer la purée de pomme de terre bien chaude par-dessus. Garnir avec une tranche de foie gras. Retirer l'emporte-pièce doucement en faisant glisser une lame de couteau tout autour entre celui-ci et la purée. Récupérer le beurre de foie gras restant et le mélanger avec la sauce bien chaude à l'aide d'un fouet. Napper le foie gras avec cette sauce. Servir la mitonnée de pâtissons à côté.

Cuisses de lapin marinées à la provençale, couscous israélien à l'huile de citron et aubergines confites

4 portions

Cette recette est idéale sur le barbecue. Vous pouvez remplacer le lapin par du poulet. Vous trouverez du couscous israélien dans les marchés indiens et d'autres épiceries spécialisées.

Lapin : Mélanger le jus de légumes, l'ail, le thym, le citron, les échalotes et le ketchup. Verser dans un grand plat pouvant contenir les cuisses de lapin. Laisser mariner les cuisses 3 h dans le réfrigérateur.

Aubergines confites : Préchauffer le four à 200 °C (400 °F). Peler l'aubergine puis la couper en bâtonnets de la grosseur d'une frite. Mettre dans un bol, saler et poivrer. Étendre les aubergines sur une plaque recouverte de papier sulfurisé. Assaisonner avec le sucre et l'huile d'olive. Cuire 12 min au four et réserver.

Couscous : Mettre le couscous dans un bol résistant à la chaleur. Ajouter l'huile d'olive au citron, le persil, l'ail, le sel et le poivre. Pendant ce temps, faire bouillir l'eau et le sel. Verser l'eau bouillante sur le couscous. Couvrir le bol de pellicule plastique et réserver.

Asperges : Dans une poêle, à couvert, sauter les asperges 5 min à feu moyen avec le beurre, le sel et le poivre.

Cuisson du lapin : Chauffer une poêle à feu moyen. Ajouter un peu d'huile d'olive et une noix de beurre. Égoutter les cuisses de lapin (réserver la marinade) et les faire rôtir 4 min de chaque côté. Terminer la cuisson 12 min au four à 180 °C (350 °F).

Dressage : Réchauffer les aubergines 2 min au four. Vérifier si le couscous est encore chaud. Mettre deux asperges dans chaque assiette individuelle. Mettre un peu de couscous par-dessus, appuyer la cuisse de lapin sur le couscous et accompagner d'aubergines confites. Faire bouillir la marinade 2 min pour la faire réduire de moitié. Verser un peu de marinade sur la viande et servir.

INGRÉDIENTS

LAPIN
- 500 ml (2 tasses) de jus de légumes
- 2 gousses d'ail écrasées
- 2 branches de thym frais
- 1 citron en quartiers
- 6 échalotes grises ciselées
- 125 ml (½ tasse) de ketchup
- 4 cuisses de lapin
- Huile d'olive
- Une noix de beurre

AUBERGINES CONFITES
- 1 aubergine
- Sel et poivre fraîchement moulu
- Sucre
- 75 ml (⅓ tasse) d'huile d'olive

COUSCOUS
- 60 g (½ tasse) de couscous israélien
- 60 ml (¼ tasse) d'huile d'olive au citron
- 1 c. à soupe de persil frais haché
- 1 petite gousse d'ail hachée
- Sel et poivre fraîchement moulu
- 250 ml (1 tasse) d'eau
- 1 pincée de sel

ASPERGES
- 8 asperges épluchées
- 1 c. à café (1 c. à thé) de beurre
- Sel et poivre

Rôti de filet de bœuf piqué au jambon de Parme, croûte aux sucs de vin rouge et farigoule de pomme de terre

4 portions

INGREDIENTS

FILET DE BŒUF
- 6 tranches de jambon de Parme très minces
- 2 c. à soupe de persil plat haché finement
- 4 médaillons de filet de bœuf de 210 g (7 oz) chacun
- 1 c. à soupe de beurre
- Sel et poivre

SUCS DE VIN ROUGE
- 375 ml (1 ½ tasse) de vin rouge
- 2 échalotes grises
- 125 ml (½ tasse) de fond de veau
- 1 c. à soupe de sucre

FARIGOULE DE POMME DE TERRE
- 80 g (⅓ tasse) de beurre
- 60 ml (¼ tasse) d'huile d'olive
- 480 g (1 lb) de pommes de terre en cubes de 1 cm (½ po)
- 12 gousses d'ail entières
- 1 c. à soupe de thym frais haché
- Sel et poivre fraîchement moulu

DRESSAGE
- Petits légumes de saison

PRÉPARATION

Ajoutez de la purée d'ail cuit à l'intérieur des médaillons de bœuf pour obtenir un goût plus prononcé.

Filet de bœuf : Garnir les tranches de jambon avec le persil. Rouler pour faire des petits boudins. Perforer les médaillons de bœuf dans le sens des fibres à l'aide d'un ustensile pointu et y insérer les roulades de jambon. Réserver dans le réfrigérateur.

Sucs de vin rouge : Dans une petite casserole, chauffer le vin et les échalotes à feu élevé et faire réduire de moitié. Ajouter le fond de veau et le sucre et faire réduire jusqu'à consistance très sirupeuse. Réserver pour la cuisson des médaillons de bœuf.

Farigoule de pomme de terre : Dans une grande poêle antiadhésive, chauffer le beurre et l'huile d'olive à feu moyen-élevé jusqu'à légère coloration du beurre. Ajouter les pommes de terre. Faire rôtir à feu moyen jusqu'à mi-cuisson. Ajouter les gousses d'ail et cuire quelques minutes en remuant bien pour empêcher celles-ci de brûler. Quand les pommes de terre sont cuites, ajouter le thym, le sel et le poivre. Réserver.

Cuisson du bœuf : Mettre le beurre restant dans une autre casserole à fond épais. Saler et poivrer les médaillons de bœuf et faire revenir à feu moyen pour leur faire prendre une belle coloration. Mettre au four quelques minutes selon la cuisson désirée. Badigeonner de sucs de vin rouge à l'aide d'un pinceau ou d'une cuillère.

Dressage : Sauter au beurre quelques petits légumes de saison et déposer dans des assiettes individuelles. Découper les médaillons de bœuf en deux et les déposer à côté des légumes. Garnir avec un peu de farigoule bien chaude. Accompagner de sucs de vin rouge et servir.

Osso-buco de cerf de Boileau braisé sur une compotée de panais et de dattes, croquettes de risotto et gremolata à la coriandre

4 portions

Vous pouvez remplacer le vin blanc par du vin rouge pour la cuisson du risotto. Ajoutez une betterave coupée en quatre pour confectionner un risotto aux belles couleurs violacées.

Osso-buco : Mettre une casserole pouvant aller au four à feu élevé. Ajouter le beurre jusqu'à légère coloration noisette. Pendant ce temps, saler et poivrer la viande sur les deux faces. Quand le beurre commence à rissoler, saisir la viande de chaque côté. Déglacer avec le vin et le fond de veau. Ajouter l'ail et le thym. Cuire 5 h au four à 150 °C (300 °F).

Croquettes de risotto : Pendant ce temps, mélanger le risotto avec la ciboulette et les tomates. Séparer en quatre parts égales et façonner des croquettes. Faire rissoler légèrement au beurre.

Compotée de panais et de dattes : Faire bouillir l'eau et le sel dans une grande casserole. Cuire les panais environ 10 min et égoutter. Dans une casserole, mettre les dattes, les panais, la crème, le parmesan et le beurre. Saler, poivrer et cuire 10 min pour faire «compoter» les panais et les dattes. Remuer souvent à l'aide d'une spatule de bois pour éviter que le parmesan ne colle au fond.

Gremolata : Mélanger les ingrédients dans un petit pot et réserver.

Dressage : Réchauffer les croquettes de risotto environ 10 min au four à 180 °C (350 °F). Verser de la compotée chaude dans des assiettes ou des bols creux et déposer l'osso-buco par-dessus. Napper avec le jus de cuisson de la viande à l'aide d'une cuillère de service. Garnir chaque portion avec une croquette de risotto. Saupoudrer de gremolata et servir.

OSSO-BUCO
- 1 c. à soupe de beurre
- Sel et poivre
- 4 osso-buco de cerf de Boileau ou autre
- 250 ml (1 tasse) de vin rouge
- 1 litre (4 tasses) de fond de veau
- 1 gousse d'ail
- 1 branche de thym

CROQUETTES DE RISOTTO
- 160 g (1 tasse) de risotto de base (p. 89)
- 2 c. à soupe de ciboulette
- 4 c. à soupe de tomate en dés
- 60 g (¼ tasse) de beurre

COMPOTÉE DE PANAIS ET DE DATTES
- 500 ml (2 tasses) d'eau
- 1 c. à café (1 c. à thé) de sel
- 3 panais en morceaux de 1 cm (½ po)
- 60 g (⅓ tasse) de dattes en fines tranches
- 75 ml (⅓ tasse) de crème
- 2 c. à soupe de parmesan
- 1 c. à soupe de beurre
- Sel et poivre

GREMOLATA
- 2 c. à soupe de coriandre fraîche hachée
- Zeste d'un citron
- 1 gousse d'ail hachée

Rôti de foie de veau de lait en croûte d'épices, purée de carotte jaune au beurre noisette, navets au gras de canard-cannelle

4 portions

PURÉE DE CAROTTE JAUNE
- 400 g (2 tasses) de carottes jaunes en morceaux
- 1 litre (4 tasses) d'eau
- 80 g (⅓ tasse) de beurre
- Sel et poivre blanc
- 1 c. à soupe de crème épaisse (35 %)

NAVETS
- 12 petits navets pelés
- 250 ml (1 tasse) de gras de canard
- 3 bâtons de cannelle
- Sel et poivre blanc

SAUCE
- 60 ml (¼ tasse) de fond de veau
- 1 c. à soupe de vinaigre de vin rouge
- Sel et poivre

FOIE DE VEAU
- 1 c. à café (1 c. à thé) de cari
- ½ c. à café (½ c. à thé) de gingembre
- 1 c. à café (1 c. à thé) de cumin
- 1 c. à café (1 c. à thé) d'anis
- 1 c. à café (1 c. à thé) de quatre-épices
- 2 c. à soupe de beurre
- 2 c. à soupe d'huile
- Sel et poivre fraîchement moulu
- 4 morceaux de foie de veau de lait de 200 g (7 oz) chacun
- 1 c. à soupe de miel chaud

Achetez de préférence des épices entières que vous passerez au moulin à café. La saveur et l'odeur des épices moulues à la main sont incomparables. Vous pouvez aussi servir ce plat avec des pommes de terre miniatures sautées au beurre avec des échalotes ciselées finement.

Purée de carotte jaune : Cuire les carottes 20 min à l'eau bouillante salée et les réduire en purée au robot de cuisine. Pendant ce temps, dans une poêle, faire chauffer le beurre à feu moyen jusqu'à légère coloration. Verser les carottes, saler, poivrer et ajouter la crème. Mélanger 1 min. Rectifier l'assaisonnement au besoin.

Navets : Mettre les navets dans un plat de cuisson, ajouter le gras de canard, la cannelle, le sel et le poivre. Couvrir et cuire 30 min au four à 200 °C (400 °F). Sortir le plat du four et laisser refroidir les navets dedans.

Sauce : Mélanger le fond de veau, le vinaigre de vin, le sel et le poivre. Amener à ébullition. Rectifier l'assaisonnement et réserver.

Foie de veau : Mélanger le cari, le gingembre, le cumin, l'anis et le quatre-épices. (Si on utilise des épices entières, les moudre d'abord dans un moulin à café.) Mettre une poêle à feu moyen. Ajouter le beurre et l'huile et laisser fondre doucement. Lorsque le beurre commence à être mousseux, saler et poivrer le foie de veau puis le faire rôtir et colorer environ 1 min de chaque côté. Mettre 8 min au four à 200 °C (400 °F) en le retournant toutes les 2 min pour que la cuisson soit uniforme. Sortir du four, badigeonner de miel chaud puis rouler dans le mélange d'épices.

Dressage : Étendre de la purée de carotte dans des assiettes individuelles. Déposer un morceau de foie de veau encore chaud par-dessus. Garnir de navets tout autour puis verser la sauce.

Côte de veau de lait rôtie au beurre noisette, jus de veau au beurre noisette et crème noisette

4 portions

Assurez-vous que les noisettes ne sont pas rances avant de les utiliser.

Crème de noisette : Faire fondre le beurre dans une casserole. Ajouter les échalotes et remuer à l'aide d'une cuillère de bois jusqu'à caramélisation. Ajouter les noisettes et faire revenir 1 min. Déglacer au vin blanc et faire réduire de moitié. Ajouter le fond de volaille et faire réduire de moitié. Ajouter la crème et passer au mélangeur 2 min pour obtenir une crème lisse. Saler, poivrer et réserver.

Jus de veau au beurre noisette : Verser le vin dans une casserole et faire réduire de moitié à feu élevé. Ajouter le fond de veau et faire réduire de moitié. Dans une autre casserole, faire chauffer le beurre à feu élevé jusqu'à ce qu'il ait une coloration noisette. Verser dans le premier mélange, rectifier l'assaisonnement au besoin et réserver.

Côtes de veau : Dans une poêle (en fonte de préférence), faire fondre le beurre jusqu'à ce qu'il commence à devenir mousseux. Ajouter les gousses d'ail et le thym. Bien assaisonner les côtes de veau et les faire rôtir à feu moyen des deux côtés jusqu'à coloration. Mettre 10 min au four à 230 °C (450 °F) et réserver.

Pommes de terre : Cuire les pommes de terre de 15 à 20 min dans l'eau salée. Égoutter dans une passoire. Faire chauffer une poêle à feu élevé. Ajouter le bacon et le beurre et faire revenir légèrement. Ajouter les pommes de terre, les noisettes et la roquette. Saler et poivrer. Sauter et réserver.

Garniture : Mettre les pommes de terre dans des assiettes individuelles. Garnir avec une côte de veau. Napper avec un peu de jus de veau et de crème de noisette. Accompagner de haricots, saler, poivrer et servir.

INGRÉDIENTS

CRÈME DE NOISETTE
- 1 c. à soupe de beurre
- 2 échalotes ciselées
- 40 g (⅓ tasse) de noisettes mondées
- 75 ml (⅓ tasse) de vin blanc
- 75 ml (⅓ tasse) de fond blanc de volaille
- 75 ml (⅓ tasse) de crème épaisse (35 %)
- 2 c. à soupe de sel
- Poivre blanc

JUS DE VEAU AU BEURRE NOISETTE
- 125 ml (½ tasse) de vin rouge
- 175 ml (¾ tasse) de fond de veau
- 120 g (½ tasse) de beurre non salé

CÔTES DE VEAU
- Beurre
- 3 gousses d'ail
- 4 branches de thym
- 4 côtes de veau de lait

POMMES DE TERRE
- 16 pommes de terre grelots nouvelles en quartiers
- 1 litre (4 tasses) d'eau
- ½ c. à café (½ c. à thé) de sel
- 45 g (¼ tasse) de bacon émincé
- 2 c. à soupe de beurre
- 36 noisettes mondées
- 100 g (2 tasses) de roquette
- Fleur de sel
- Poivre fraîchement moulu

GARNITURE
- 8 haricots plats
- Sel et poivre

Jarrets d'agneau du Québec braisés au tandoori, frites de patate douce et sauté de légumes à la barigoule

4 portions

JARRETS D'AGNEAU
- 4 jarrets d'agneau du Québec
- 2 c. à soupe de tandoori
- 200 ml (¾ tasse + 1 c. à soupe) de vin rouge
- 2 gousses d'ail
- 4 branches de thym
- 500 ml (2 tasses) de fond d'agneau ou de fond de veau

FRITES DE PATATE DOUCE
- 3 grosses patates douces pelées et coupées en forme de frites
- Huile à friture
- 1 pincée de sel
- 1 pincée de quatre-épices

VINAIGRETTE
- 75 ml (⅓ tasse) d'huile d'olive
- 2 c. à soupe de jus de citron
- 2 c. à soupe de vin blanc
- 1 c. à café (1 c. à thé) de coriandre fraîche hachée finement
- 1 c. à café (1 c. à thé) de cari
- Sel et poivre

SAUTÉ DE LÉGUMES
- 12 oignons chipolinis épluchés
- 6 navets miniatures pelés
- 6 gros champignons de Paris
- 12 pois sucrés
- 12 carottes miniatures pelées
- 200 g (1 tasse) d'épinards
- 3 échalotes vertes
- 1 noix de beurre
- 12 olives de Calamata dénoyautées

Faites cuire les jarrets la veille et laissez-les refroidir dans le jus de cuisson afin qu'ils se gorgent de fond. Ils seront ainsi plus juteux au moment de les servir.

Jarrets d'agneau : Mettre les jarrets dans un bol en pyrex. Dans un autre bol, mettre le tandoori, le vin, l'ail et le thym. Bien remuer et verser sur la viande. Garder 6 h dans le réfrigérateur en retournant les jarrets dans la marinade toutes les heures pour qu'ils s'en imprègnent bien. Mettre les jarrets dans une grande casserole pouvant aller au four. Verser la marinade par-dessus, ajouter le fond d'agneau et cuire 6 h au four à 160 °C (325 °F). Lorsque la cuisson est terminée, sortir le plat du four et vérifier que la viande s'effiloche facilement à l'aide d'une fourchette. Si la cuisson semble incomplète, remettre au four de 30 à 60 min selon la grosseur des jarrets. Les laisser dans le bouillon à la sortie du four.

Frites de patate douce : Plonger les frites une première fois dans la friteuse pour les précuire. Au moment du service, on n'aura qu'à les plonger dans la friteuse jusqu'à ce qu'elles soient dorées. Mettre dans un plat tapissé de papier absorbant pour enlever l'excédent d'huile. Saler et ajouter le quatre-épices.

Vinaigrette : Mélanger l'huile, le jus de citron et le vin. Ajouter la coriandre, le cari, le sel et le poivre. Bien fouetter et rectifier l'assaisonnement au besoin. Réserver.

Sauté de légumes : Amener 1 litre (4 tasses) d'eau et une pincée de sel à ébullition. Blanchir tous les légumes, sauf les olives, pour qu'ils soient *al dente*. Bien égoutter. Déposer le beurre dans une casserole. Quand il est légèrement mousseux, faire revenir les légumes et les olives. Déglacer avec la vinaigrette et réserver au chaud.

Dressage : Mettre les jarrets bien chauds dans des assiettes individuelles. Garnir de frites et accompagner de légumes. Napper avec un peu de sauce et servir.

Tournedos de filet de veau poché à l'huile d'olive, gâteau de pommes de terre et artichauts à l'ail rôti, crème d'oignon caramélisé et porto monté au beurre

4 portions

Évitez de surchauffer l'olive, ce qui lui ferait perdre ses propriétés et son bon goût.

Gâteaux d'artichauts : Enlever les feuilles et le cœur des artichauts. Peler pour ne garder que les fonds. À l'aide d'une cuillère, gratter le foin et l'enlever. Couper les artichauts en lamelles et mettre dans un bol. Faire chauffer l'huile d'olive dans une poêle antiadhésive. Ajouter les tranches d'artichauts et sauter 2 min. Ajouter l'ail et sauter 30 sec. Déglacer avec le jus de citron, saler, poivrer et chauffer 1 min de plus. Réserver dans un bol.

• Peler la pomme de terre et la râper à l'aide d'une râpe à fromage. Mélanger avec les artichauts et rectifier l'assaisonnement. Mouler quatre ramequins avec de la pellicule plastique et répartir les artichauts dans chacun. Bien compresser pour enlever l'excédent de jus et refermer avec la pellicule plastique. Garder au moins 1 h dans le réfrigérateur.

Crème d'oignon : Dans une casserole, faire fondre le beurre et l'huile d'olive. Quand le beurre commence à mousser, faire revenir les oignons 10 min à feu moyen, jusqu'à ce qu'ils caramélisent. Saler, poivrer et mélanger 5 min dans le robot de cuisine pour obtenir une purée bien lisse. Réserver.

Sauce au porto : Faire fondre le beurre dans une casserole. Faire revenir les échalotes jusqu'à légère coloration. Déglacer au porto, ajouter la crème, faire réduire de moitié puis ajouter le beurre à la dernière seconde. Fouetter vigoureusement et réserver.

Garniture : Cuire les oignons perlés dans le porto et le beurre avec un peu de sel et de poivre. (Vérifier la cuisson en insérant la pointe d'un couteau dans la chair comme pour tout autre légume.) Éplucher les artichauts miniatures de la même façon que ceux utilisés pour le gâteau d'artichauts. Poêler avec l'huile d'olive, le vin et le jus de citron. Saler, poivrer, cuire de 7 à 8 min et réserver.

Tapenade d'olives vertes : Mélanger tous les ingrédients au mélangeur pour obtenir une pâte homogène. Réserver dans un bol.

Dressage : Démouler les ramequins contenant les gâteaux d'artichauts et retirer la pellicule plastique. Chauffer une poêle antiadhésive et mettre un peu de beurre et d'huile d'olive. Quand le beurre est légèrement mousseux, déposer doucement les gâteaux et cuire à feu moyen jusqu'à légère coloration. Retourner à l'aide d'une spatule pour terminer la coloration. Cuire 20 min au four à 180 °C (350 °F) et réserver.

INGREDIENTS

GÂTEAUX D'ARTICHAUTS
- 3 artichauts
- 60 ml (¼ tasse) d'huile d'olive
- 1 gousse d'ail hachée
- 1 c. à soupe de jus de citron
- Sel et poivre
- 1 petite pomme de terre

CRÈME D'OIGNON
- 2 c. à soupe de beurre
- 60 ml (¼ tasse) d'huile d'olive
- 3 oignons émincés finement
- Sel et poivre fraîchement moulu

SAUCE AU PORTO
- 1 c. à café (1 c. à thé) de beurre
- 2 échalotes grises ciselées finement
- 125 ml (½ tasse) de porto
- 60 ml (¼ tasse) de crème
- 60 g (¼ tasse) de beurre non salé en petits cubes

GARNITURE
- 12 oignons perlés épluchés
- 125 ml (½ tasse) de porto
- 1 c. à café (1 c. à thé) de beurre
- Sel et poivre fraîchement moulu
- 4 artichauts miniatures
- 1 c. à soupe d'huile d'olive
- 60 ml (¼ tasse) de vin blanc
- Jus d'un citron
- 2 branches d'estragon

TAPENADES D'OLIVES VERTES

- 30 g (¼ tasse) d'olives vertes
- 1 petite gousse d'ail
- 1 c. à café (1 c. à thé) de jus de citron
- 1 c. à café (1 c. à thé) de moutarde forte
- 2 c. à soupe d'huile d'olive

FILETS DE VEAU

- 1 litre (4 tasses) d'huile d'olive
- 4 tournedos de filet de veau de 180 g (6 oz) chacun
- Sel et poivre fraîchement moulu

Filets de veau : Pendant ce temps, faire chauffer l'huile d'olive à feu moyen dans une casserole à bords élevés. Saler et poivrer les tournedos puis les plonger dans l'huile chaude. Baisser le feu à moyen-doux (feu frémissant) et pocher doucement de 8 à 10 min ou plus si l'on souhaite une cuisson autre que rosée. Lorsque les tournedos sont prêts, les retirer de l'huile. Les gâteaux d'artichauts devraient être prêts en même temps au four. Réchauffer la crème d'oignons et la sauce au porto puis chauffer légèrement les garnitures.

Dressage : Frire les branches d'estragon quelques secondes à grande friture. Verser la crème d'oignon dans des petits bols. Déposer trois petits oignons au porto par-dessus. Mettre un tournedos au centre des assiettes individuelles et garnir le dessus avec une quenelle de tapenade d'olives. Déposer un gâteau d'artichaut à côté puis garnir d'artichauts miniatures rôtis. Terminer avec un filet de sauce au porto, garnir d'estragon frit et servir.

Longe de cochonnet du Québec en croûte de moutarde, sucre d'érable et parmesan, tarte fine aux tomates confites

4 portions

CROÛTE DE MOUTARDE

- 3 c. à café (3 c. à thé) de moutarde de Dijon
- 2 c. à soupe de sucre d'érable
- 2 c. à soupe de parmesan fraîchement râpé

TARTE FINE

- 8 tomates
- 1 litre (4 tasses) d'eau
- Sel et poivre fraîchement moulu
- 1 pincée de sucre
- 2 c. à soupe d'huile d'olive
- Pâte feuilletée
- 4 longes de cochonnet
- 60 ml (¼ tasse) d'huile d'olive
- 1 poireau émincé

SAUCE

- 175 ml (¾ tasse) de fond de veau
- 1 c. à soupe de purée de tomate
- 1 c. à café (1 c. à thé) de miel

Si vous n'avez pas de pâte feuilletée sous la main, utilisez une pâte brisée maison confectionnée à base de beurre.

Croûte de moutarde : Mélanger tous les ingrédients dans un bol et réserver.

Tarte fine : Enlever le pédoncule des tomates puis, à l'autre extrémité, faire une incision en croix à l'aide d'un couteau. Faire bouillir l'eau et le sel dans une casserole. Jeter les tomates 30 sec dans l'eau bouillante puis les plonger immédiatement dans un bol d'eau glacée. Enlever les pelures. Couper les tomates en quatre, les épépiner et les mettre sur une plaque. Couvrir avec le sel, le poivre, le sucre et l'huile d'olive. Mettre 1 h au four à 120 °C (250 °F). Réserver.

• Découper la pâte feuilletée à l'aide d'un emporte-pièce ou d'un couteau pour obtenir 4 cercles de 0,5 cm (¼ po) d'épaisseur et de 12 cm (5 po) de diamètre. Cuire 20 min au four à 190 °C (375 °F). Saler et poivrer les longes de cochonnet. Chauffer une poêle à feu moyen-élevé. Ajouter l'huile d'olive. Quand celle-ci commence à fumer, saisir les longes 1 min de chaque côté. Mettre 5 min au four préchauffé à 200 °C (400 °F). Retirer du four et réserver. Dans la même poêle, ajouter les poireaux et cuire 5 min à feu moyen. Saler, poivrer et réserver.

Sauce : Faire chauffer le fond de veau, la purée de tomate et le miel. Rectifier l'assaisonnement au besoin et réserver.

Dressage : Déposer les feuilletés sur une plaque et les couvrir avec les poireaux et les tomates confites. Badigeonner les longes avec le mélange de croûte de moutarde pour former une croûte de 1 cm (½ po) d'épaisseur. Déposer les longes sur une plaque et mettre 3 min au four préchauffé à *broil* (grille supérieure). Sur la grille du dessous, mettre la plaque contenant les feuilletés. Étendre un peu de sauce dans l'assiette et déposer un feuilleté bien chaud au centre. Découper chaque longe en trois tronçons de même grosseur puis les déposer par-dessus.

Côtes levées de bœuf glacées aigres-douces, salade de fenouil, chili et mangue

4 portions

Avant de servir les côtes levées, passez-les sur le barbecue 2 minutes de chaque côté si vous souhaitez leur donner un léger goût fumé.

Côtes levées : Mélanger le miel, le ketchup, le vinaigre de riz, le miso et le fond de veau dans un bol pouvant aller dans le réfrigérateur. Ajouter les côtes levées et laisser macérer environ 2 h.

Salade de fenouil, chili et mangue : Mélanger tous les ingrédients dans un grand bol et réserver dans le réfrigérateur.

Cuisson des côtes levées : Mettre les côtes levées dans un plat de cuisson, verser la marinade dessus puis cuire 3 ½ h à 150 °C (300 °F). (La viande doit se défaire facilement quand on la pique à l'aide d'une fourchette.) Plusieurs fois en cours de cuisson, badigeonner les côtes levées avec un peu de sauce à l'aide d'une cuillère pour qu'elles soient bien glacées.

Dressage : Déposer un peu de salade de fenouil dans des assiettes individuelles, ajouter deux côtes levées et servir.

CÔTES LEVÉES
- 60 ml (⅓ tasse) de miel
- 2 c. à soupe de ketchup
- 60 ml (⅓ tasse) de vinaigre de riz
- 2 c. à soupe de miso
- 500 ml (2 tasses) de fond de veau
- 8 côtes levées

SALADE DE FENOUIL, CHILI ET MANGUE
- 2 bulbes de fenouil émincés
- 1 mangue fraîche en julienne
- 60 ml (¼ tasse) de sauce chili aigre-douce
- 1 c. à soupe de vinaigre de riz
- 1 c. à café (1 c. à thé) d'huile de sésame
- 60 ml (¼ tasse) d'huile de canola
- Sel et poivre fraîchement moulu

RESTAURANT

CHEZ L'ÉPICIER
Nº311
ST-PAUL EST
MTL
ET BAR À VIN

Shooter aux prunes, crème au bleu bénédictin et lait d'amande fouetté

4 portions

Avisez vos invités de prendre le soin de bien mélanger tous les ingrédients avant de déguster !

Purée de prune : Réduire les prunes en purée en purée bien lisse 2 min au mélangeur. Passer au tamis et réserver dans le réfrigérateur.

Crème au fromage bleu : Réduire le fromage bleu et le fromage quark en purée bien lisse au robot de cuisine. Mettre dans une poche et réserver.

Lait d'amande fouetté : Faire rôtir les amandes en poudre 2 min au four à 200 °C (400 °F). Retirer du four. Pendant ce temps, amener le lait à ébullition dans une casserole. Verser les amandes en poudre sur le lait et faire chauffer 1 min. Éteindre le feu et bien remuer. Laisser refroidir. Fouetter la crème aux trois quarts puis mélanger avec le lait. Fouetter de nouveau à quelques reprises pour qu'elle soit bien montée.

Dressage : À l'aide d'une cuillère, verser la purée de prune dans les verres à shooter. Déposer la crème au fromage bleu par-dessus et garnir avec le lait d'amande fouetté.

INGRÉDIENTS

PURÉE DE PRUNE
- 3 prunes mûres (Reida de préférence) coupées en deux, dénoyautées et coupées encore en deux

CRÈME AU FROMAGE BLEU
- 30 g (¼ tasse) de fromage bleu bénédictin de Saint-Benoît-du-Lac ou autre en petits morceaux
- 2 c. à soupe de fromage quark

LAIT D'AMANDE FOUETTÉ
- 2 c. à soupe d'amandes en poudre
- 60 ml (¼ tasse) de lait
- 75 ml (⅓ tasse) de crème épaisse (35 %)

Bricks de chèvre Tournevent, poires confites et caramiel au girofle

INGREDIENTS PRÉPARATION

INGREDIENTS

BRICKS DE CHÈVRE
- 4 pâtes à rouleaux de printemps
- 300 g (10 oz) de fromage de chèvre Tournevent ou autre
- 1 c. à soupe d'eau
- Farine
- Huile à friture

POIRES CONFITES
- 375 ml (1 ½ tasse) d'eau
- 60 g (¼ tasse) de sucre
- 125 ml (½ tasse) de vin blanc
- 4 poires séchées pelées et évidées

CARAMIEL AU GIROFLE
- 100 g (¼ tasse) de miel
- ½ c. à café (½ c. à thé) de clou de girofle moulu

DRESSAGE
- Quelques feuilles de chêne
- 12 clous de girofle entiers

PRÉPARATION

Ce plat peut être servi en entrée ou après le repas principal avec quelques pousses de mâche.

Bricks de chèvre : Décoller les pâtes à rouleaux de printemps les unes des autres et les étendre séparément pointe vers le bas. Mettre du fromage de chèvre au milieu de chacune. Mélanger l'eau et la farine pour obtenir une «colle» et badigeonner la partie supérieure de la pointe avec celle-ci. Ramener la pointe inférieure sur le fromage jusqu'au milieu de la pâte. Ramener ensuite les pointe gauche et droite au centre du rouleau et rouler celui-ci jusqu'à ce qu'il atteigne la pointe supérieure et que la «colle» puisse bien faire adhérer la pointe au reste du rouleau. Réserver dans le réfrigérateur.

Poires confites : Dans une casserole, mettre l'eau, le sucre et le vin à feu moyen-élevé. Ajouter les poires et cuire environ 15 min. (La pointe d'un couteau doit ressortir facilement de la chair.) Égoutter et laisser refroidir dans le réfrigérateur.

Caramiel au girofle : Dans une petite casserole, chauffer le miel à feu élevé. Ajouter le clou de girofle et bien remuer. Quand celui-ci commence à fumer et que le miel commence à caraméliser, retirer du feu et verser dans un petit bol.

Dressage : Plonger les bricks de chèvre 1 ½ min dans l'huile à friture jusqu'à légère coloration de la pâte ou mettre au four 5 min à 200 ºC (400 ºF). Couper les bricks en deux et les mettre dans des assiettes individuelles. Garnir de poires confites, ajouter quelques feuilles de chêne et des clous de girofle pour décorer et terminer avec une cuillerée de caramiel.

Roulade de Pont couvert aux marrons, râpée de carottes au miel

4 portions

Utilisez de préférence des marrons frais pour cette recette pour éviter qu'ils se transforment en purée en cours de cuisson.

Pâte brisée : Mélanger la farine avec la levure chimique, ajouter le beurre et sabler le mélange entre les deux mains pour obtenir une farine sablonneuse. Mélanger l'eau avec le sel puis mélanger doucement avec la farine. Mettre la pâte 30 min dans le réfrigérateur.

Râpée de carottes au miel : Mélanger les carottes avec l'huile, le miel, les pistaches, le sel, le poivre et la ciboulette. Rectifier l'assaisonnement au besoin. Ajouter le jus de citron. Laisser mariner 30 min dans le réfrigérateur.

Roulade : Étendre la pâte brisée à 0,5 cm (½ po) d'épaisseur et faire 2 rectangles de 15 x 20 cm (6 x 8 po). Étendre un peu de purée de marron au centre puis couvrir avec le fromage. Badigeonner le tour de la pâte avec les jaunes d'œufs. Rouler la pâte en forme de boudin en fermant bien les côtés et les coins pour éviter que le fromage ne coule pendant la cuisson. Préchauffer le four à 190 °C (375 °F). Cuire les rouleaux 15 min puis les couper en deux. Servir un demi-rouleau par assiette accompagné d'un petit monticule de carottes. Décorer avec les fanes réservées.

INGRÉDIENTS

PÂTE BRISÉE
- 180 g (1 tasse) de farine
- ½ c. à café (½ c. à thé) de levure chimique (poudre à pâte)
- 120 g (½ tasse) de beurre ramolli
- 4 c. à soupe d'eau
- 1 pincée de sel

RÂPÉE DE CAROTTES AU MIEL
- 2 carottes pelées et râpées finement (réserver quelques fanes)
- 60 ml (¼ tasse) d'huile d'olive
- 1 c. à soupe de miel
- 2 c. à soupe de pistaches hachées
- Sel et poivre fraîchement moulu
- 1 c. à café (1 c. à thé) de ciboulette hachée
- Jus d'un citron

ROULADE
- 125 ml (½ tasse) de purée de marron
- 300 g (10 oz) de fromage Pont couvert en tranches de 2 cm (1 po) d'épaisseur
- 2 jaunes d'œufs battus

DESSERTS

RESTAURANT
CHEZ L'ÉPICIER
Nº311
ST-PAUL EST
MTL
ET BAR À VIN

Soupe de clémentines et de cerises de terre au monbazillac, fondant glacé à la cannelle

4 portions

Laissez macérer les clémentines au moins 6 h afin qu'elles puissent prendre le goût du sirop.

Soupe : Chauffer le jus de clémentine avec le sucre, puis verser le monbazillac. Mélanger avec les clémentines et les cerises de terre puis réfrigérer 1 h.

Fondant : Fouetter la crème, ajouter le sucre glace et la cannelle puis verser dans des moules individuels. Congeler environ 4 h. Démouler puis déposer dans des coupes ou des bols individuels. Verser la soupe par-dessus. Décorer chaque portion avec de la menthe fraîche, un bâton de cannelle et une cerise de terre.

INGRÉDIENTS

SOUPE
- 750 ml (3 tasses) de jus de clémentine
- 60 g (¼ tasse) de sucre
- 150 ml (⅔ tasse) de monbazillac
- 3 clémentines en sections
- 20 cerises de terre coupées en deux

FONDANT
- 300 ml (1 ¼ tasse) de crème à fouetter
- 80 g (½ tasse) de sucre glace
- ½ c. à café (½ c. à thé) de cannelle

GARNITURE
- Feuilles de menthe fraîche
- 4 bâtons de cannelle
- 4 cerises de terre

Croustade aux pommes, pacanes et romarin, mousseline à la vanille

4 portions

MOUSSELINE À LA VANILLE
- 1 c. à soupe de fécule de maïs
- 60 g (¼ tasse) de sucre
- 3 œufs
- 250 ml (1 tasse) de lait
- 1 gousse de vanille coupée en deux
- 125 ml (½ tasse) de crème épaisse (35 %) mi-fouettée

MÉLANGE À CRUMBLE
- 90 g (½ tasse) de farine
- 80 g (⅓ tasse) de sucre
- 80 g (⅓ tasse) de beurre fondu
- 40 g (⅓ tasse) de pacanes concassées
- 1 c. à café (1 c. à thé) de romarin frais haché

POMMES CARAMÉLISÉES
- 60 g (¼ tasse) de beurre
- 60 g (¼ tasse) de sucre d'érable
- 6 pommes Golden pelées, évidées et coupées en quartiers

Si vous préparez la croustade à l'avance, servez-la chaude. C'est bien meilleur !

Mousseline à la vanille : Dans un bol, mélanger à l'aide d'un fouet la fécule de maïs, le sucre et les œufs. Mettre le lait dans une casserole à feu moyen-élevé. Ajouter la vanille et chauffer jusqu'à première ébullition. Retirer du feu, verser sur le premier mélange et remuer. Transvider le tout dans la casserole et remettre sur le feu de 4 à 5 min en maintenant l'ébullition et en remuant à l'aide d'une cuillère de bois pour empêcher que la crème ne colle au fond. Jeter la vanille. Verser dans un bol et laisser refroidir environ 20 min. Ajouter la crème mi-fouettée et bien remuer à l'aide d'un fouet pour obtenir une crème lisse et homogène. Conserver dans le réfrigérateur.

Mélange à crumble : Mélanger la farine, le sucre et le beurre. Ajouter les pacanes et le romarin et bien remuer.

Pommes caramélisées : Mettre une poêle à feu vif avec le beurre et le sucre d'érable. Quand ils sont légèrement colorés, sauter les pommes 5 min pour les faire colorer à leur tour. Verser dans un plat de cuisson ayant au moins 5 cm (2 po) de hauteur puis étendre le mélange à crumble sur le dessus. Mettre environ 15 min au four à 200 °C (400 °F), jusqu'à légère coloration.

Dressage : Verser la mousseline dans des petits pots de service ou l'étendre dans des assiettes individuelles. Découper la croustade en carrés puis déposer dans des assiettes à l'aide d'une spatule.

Club sandwich au chocolat,
frites d'ananas et salade de melon crémeuse

4 portions

Achetez des ananas bien mûrs et savoureux. Prenez soin de les frire dans une friteuse ou une casserole à bords élevés.

Gâteau : Préchauffer le four à 180 °C (350 °F). Dans le bol du batteur électrique, verser les œufs puis battre 30 sec. Ajouter le beurre et battre 2 min de plus. Ajouter le sucre et la farine pour obtenir une pâte crémeuse. Étendre sur une grande plaque sur 0,5 cm (½ po) d'épaisseur et cuire au four de 7 à 8 min. Réserver.

Anglaise : Dans une casserole, chauffer le lait à feu moyen-élevé jusqu'à première ébullition. Pendant ce temps, fouetter vigoureusement les jaunes d'œufs et le sucre dans un grand bol pour obtenir une mousse crémeuse. Verser le lait bouillant et bien remuer. Réchauffer 30 sec et retirer du feu.

Mousse au chocolat noir : Mélanger la moitié de l'anglaise encore chaude avec le chocolat noir. Faire fondre complètement. Laisser reposer à la température ambiante et réserver. Monter la crème aux trois quarts puis l'ajouter au mélange.

Montage : Couper le gâteau en trois rectangles de même grosseur. Fabriquer une darne de papier d'aluminium de 4 cm (1 ½ po) de largeur pouvant faire le tour complet du premier morceau de gâteau. Mettre le premier morceau de gâteau au fond de la darne de papier puis verser la mousse au chocolat noir sur le dessus. Placer le deuxième morceau de gâteau par-dessus. Conserver 30 min dans le réfrigérateur.

Mousse au chocolat blanc : Pendant ce temps, faire tremper la gélatine dans l'eau froide. Mélanger le reste de l'anglaise encore tiède avec le chocolat blanc. Essorer la feuille de gélatine et l'ajouter à l'anglaise. Laisser reposer à la température ambiante. Quand la préparation est tiède, monter la crème aux trois quarts puis l'ajouter au mélange. Verser sur le gâteau sorti du réfrigérateur et placer le troisième morceau par-dessus. Conserver 3 h dans le réfrigérateur.

Frites d'ananas : Mélanger les frites avec la semoule de maïs. Réserver dans le réfrigérateur.

Salade de melon crémeuse : Mélanger le melon, le yogourt, le miel et la menthe. Verser dans des petits bols à salade et réserver dans le réfrigérateur.

INGRÉDIENTS

GÂTEAU
- 75 ml (⅓ tasse) d'œufs
- 80 g (⅓ tasse) de beurre ramolli
- 80 g (⅓ tasse) de sucre
- 60 g (⅓ tasse) de farine

ANGLAISE
- 250 ml (1 tasse) de lait
- 3 jaunes d'œufs
- 1 c. à soupe de sucre

MOUSSE AU CHOCOLAT NOIR
- 120 g (⅔ tasse) de chocolat noir
- 100 ml (⅓ tasse + 2 c. à soupe) de crème épaisse (35 %)

MOUSSE AU CHOCOLAT BLANC
- 1 feuille de gélatine
- 120 g (⅔ tasse) de chocolat blanc fondu
- 100 ml (⅓ tasse + 2 c. à soupe) de crème épaisse (35 %)

FRITES D'ANANAS
- 16 morceaux d'ananas coupés en forme de frites
- 125 ml (½ tasse) de semoule de maïs
- Huile à friture
- 1 pincée de sucre

SALADE DE MELON CRÉMEUSE

- 1 quartier de melon miel en julienne
- 80 g (⅓ tasse) de yogourt
- 1 c. à soupe de miel
- 1 c. à café (1 c. à thé) de menthe fraîche hachée

MONTAGE

- Feuilles de basilic
- Fraises en fines tranches

Montage : Sortir le gâteau du réfrigérateur et enlever le papier d'aluminium. Découper le gâteau en carrés de 8 cm (3 po). Renverser les carrés sur le côté et, à l'aide d'un couteau, séparer la mousse au chocolat blanc de la mousse au chocolat noir. Étendre des feuilles de basilic et de fines tranches de fraises sur la mousse au chocolat blanc. Reconstituer le club sandwich en remettant le gâteau au chocolat noir par-dessus. Mettre des cure-dents sur les quatre côtés comme pour un club sandwich. Plonger les frites d'ananas dans l'huile à friture environ 1 min, jusqu'à légère coloration. Égoutter sur du papier absorbant et sucrer légèrement.

Dressage : Couper le sandwich diagonalement en quatre morceaux. Servir dans des assiettes en mettant deux morceaux de chaque côté avec quelques frites d'ananas et un petit bol contenant la salade de melon.

Tartelette chocolat-gingembre, crème anglaise au jus de poire

4 portions

Dans la plupart des livres de recettes, on suggère d'utiliser du gingembre moulu pour préparer les desserts. Personnellement, je préfère le gingembre frais. Il suffit simplement de réduire de moitié la quantité indiquée dans la recette. Toute une différence !

Pâte sucrée : Mélanger ensemble le sucre glace, la farine, le sel et le zeste d'orange. Ajouter le beurre et bien remuer comme pour faire une pâte à tarte. Ajouter l'œuf et garder 1 h dans le réfrigérateur. Étendre la pâte dans des moules à tartelettes ou un grand moule à tarte. Cuire au four à 180 °C (350 °F) jusqu'à ce que les bords commencent à dorer. Laisser reposer à la température ambiante.

Ganache au chocolat et au gingembre : Dans une casserole, chauffer la crème jusqu'à première ébullition. Éteindre le feu, ajouter le chocolat et bien remuer pour le faire fondre. Verser dans un bol, ajouter le gingembre, le jaune d'œuf et le beurre. Bien remuer et verser dans la croûte. Réfrigérer jusqu'au moment du service.

Crème anglaise au jus de poire : Peler la poire en petits bâtonnets et réserver. Mettre les retailles et la pelure dans une casserole avec l'eau et le sucre. Faire chauffer jusqu'à première ébullition, filtrer le sirop dans un bol puis ajouter les bâtonnets de poire. Laisser infuser environ 20 min. Retirer les bâtonnets de poire. Mélanger le sirop avec la crème et les jaunes d'œufs. Remettre dans une casserole à feu moyen et remuer doucement à l'aide d'une cuillère de bois jusqu'à léger épaississement. Retirer du feu immédiatement. Quand la crème nappe bien la cuillère, transvider dans un bol et mettre dans le réfrigérateur.

Dressage : Servir la tarte avec les bâtonnets de poire et un peu de crème anglaise.

PÂTE SUCRÉE
- 75 g (½ tasse) de sucre glace
- 180 g (1 tasse) de farine
- 1 pincée de sel
- Zeste d'une orange
- 120 g (½ tasse) de beurre ramolli
- 1 œuf

GANACHE AU CHOCOLAT ET AU GINGEMBRE
- 125 ml (½ tasse) de crème épaisse (35 %)
- 180 ml (⅓ tasse) de chocolat noir en petits morceaux (pur caraïbe de Valrhona ou autre)
- 1 c. à café (1 c. à thé) de gingembre frais râpé
- 1 jaune d'œuf
- 1 c. à soupe de beurre non salé

CRÈME ANGLAISE AU JUS DE POIRE
- 1 poire bien mûre
- 75 ml (⅓ tasse) d'eau
- 80 g (⅓ tasse) de sucre
- 125 ml (½ tasse) de crème épaisse (35 %)
- 4 jaunes d'œufs

Blinis au chocolat en sandwichs glacés et écrasé de fraise à la crème comme faisait ma mère

3 portions

Pour garder aux fraises toute leur fraîcheur, ne préparez l'écrasé de fraises qu'à la dernière minute.

Blinis : Faire fondre le chocolat noir, le chocolat blanc et le beurre au bain-marie. Monter les blancs d'œufs avec le sucre à l'aide d'un batteur électrique pour obtenir une meringue serrée et luisante. Plier la meringue dans le chocolat fondu à l'aide d'une spatule de caoutchouc. Cuire sur des plaques à bords élevés tapissées de papier sulfurisé. Découper en six petits cercles.

Mousse au chocolat : Faire fondre le chocolat au bain-marie. Quand il est bien fondu et chaud, le verser dans un grand bol et ajouter la moitié de la crème mi-fouettée. Bien remuer et ajouter le reste de la crème. Réserver. Dans un autre bol, mélanger les jaunes d'œufs avec le sucre pour obtenir une crème onctueuse. Mélanger avec le mélange de chocolat et de crème fouettée. Étendre trois blinis sur une plaque pouvant aller dans le congélateur. Garnir avec un peu de mousse au chocolat et ajouter un autre blini sur le dessus. Garder 1 h dans le congélateur.

Écrasé de fraises : Mettre les fraises dans un bol avec le sucre et le porto. Écraser à l'aide d'une fourchette. Lorsqu'elles ont l'allure d'une compote, ajouter la crème fraîche et remuer. Réserver.

Sirop au chocolat : Dans une casserole, faire bouillir l'eau et le sucre à feu élevé. Éteindre le feu, ajouter le chocolat, le cacao et le beurre. Bien remuer.

Dressage : Sortir les blinis du congélateur et les déposer au milieu des assiettes. Garnir avec un peu d'écrasé de fraises et décorer avec le sirop au chocolat.

INGRÉDIENTS

BLINIS
- 220 g (7 ¹/₃ oz) de chocolat noir
- 200 g (7 oz) de chocolat blanc
- 120 g (¹/₂ tasse) de beurre
- 300 g (10 oz) de blancs d'œufs
- 120 g (¹/₂ tasse) de sucre

MOUSSE AU CHOCOLAT
- 60 g (¹/₃ tasse) de chocolat mi-amer 70 %
- 125 ml (¹/₂ tasse) de crème mi-fouettée
- 2 jaunes d'œufs
- 60 g (¹/₄ tasse) de sucre

ÉCRASÉ DE FRAISES
- 150 g (³/₄ tasse) de fraises lavées et équeutées
- 1 c. à café (1 c. à thé) de sucre
- 1 c. à soupe de porto blanc doux
- 2 c. à soupe de crème fraîche

SIROP AU CHOCOLAT
- 2 c. à soupe d'eau
- 2 c. à soupe de sucre
- 45 g (¹/₄ tasse) de chocolat
- 1 c. à soupe de cacao en poudre
- 1 c. à café (1 c. à thé) de beurre non salé

INGREDIENTS

SAUCE AU CHOCOLAT
- 75 ml ('/₃ tasse) de crème
- 60 g ('/₃ tasse) de chocolat

SAUCE AU CARAMEL
- 125 ml ('/₂ tasse) de miel
- 2 c. à soupe de jus d'ananas

DRESSAGE
- 30 noisettes
- 1 ananas bien mûr pelé et coupé en quartiers
- Crème glacée à la vanille de bonne qualité
- 75 ml ('/₃ tasse) de crème fouettée sucrée
- 12 cerises fraîches

PRÉPARATION

Les noix ayant tendance à rancir rapidement, achetez de petites quantités à la fois.

Noisettes : Préchauffer le four à 190 °C (375 °F) et faire griller les noisettes 10 min. Laisser reposer à la température ambiante puis les frotter dans un linge pour les débarrasser de leur pelure. Réserver.

Sauce au chocolat : Dans une casserole, amener la crème à ébullition. Ajouter le chocolat. Retirer du feu et remuer légèrement jusqu'à ce que le chocolat soit fondu. Réserver.

Sauce au caramel : Dans une casserole, amener le miel à ébullition jusqu'à légère caramélisation. Lorsque la sauce devient un peu plus foncée, déglacer au jus d'ananas. Retirer du feu, bien remuer et réserver.

Dressage : Mettre les ananas dans une assiette. Couvrir avec les boules de crème glacée. Garnir avec un peu de crème fouettée, des cerises et des noisettes grillées. Napper de sauce au chocolat et de sauce au caramel.

Gâteaux aux épices, crème mi-sure mi-fouettée, sauce au sucre à la crème, lait chaud à la tire d'érable

4 portions

INGREDIENTS

GÂTEAUX

- 135 g (³/₄ tasse) de farine à pâtisserie tamisée
- ¹/₄ c. à café (¹/₄ c. à thé) de levure chimique (poudre à pâte)
- ¹/₄ c. à café (¹/₄ c. à thé) de bicarbonate de soude
- 1 c. à café (1 c. à thé) de sel
- 1 c. à café (1 c. à thé) de cannelle
- ¹/₄ c. à café (¹/₄ c. à thé) de quatre-épices
- ¹/₄ c. à café (¹/₄ c. à thé) de muscade
- ¹/₈ c. à café (¹/₈ c. à thé) de clou de girofle moulu
- 30 g (¹/₈ tasse) de graisse végétale
- 120 g (¹/₂ tasse) de sucre
- 1 œuf
- 1 c. à café (1 c. à thé) de vanille
- 100 ml (¹/₃ tasse + 2 c. à soupe) de lait

SAUCE AU SUCRE À LA CRÈME

- 60 ml (¹/₄ tasse) de crème épaisse (35 %)
- 50 g (¹/₄ tasse) de sucre brun
- 60 g (¹/₄ tasse) de sucre blanc

CRÈME MI-SURE MI-FOUETTÉE

- 125 ml (¹/₂ tasse) de crème sure
- 1 c. à café (1 c. à thé) de quatre-épices moulu
- 2 c. à soupe de sucre glace
- 125 ml (¹/₂ tasse) de crème mi-fouettée

LAIT CHAUD À LA TIRE D'ÉRABLE

- 600 ml (2 ¹/₃ tasses) de lait
- 75 ml (¹/₃ tasse) de tire d'érable

PRÉPARATION

Il est préférable de ne pas mettre ce gâteau dans le réfrigérateur entre sa sortie du four et le moment de servir.

Gâteaux : Chauffer le four à 180 °C (350 °F). Tamiser ensemble tous les ingrédients secs et réserver. Battre en crème la graisse végétale et le sucre. Ajouter l'œuf et battre jusqu'à consistance légère. Ajouter la vanille. Incorporer les ingrédients secs en alternant avec le lait. Verser dans des moules à gâteaux carrés individuels graissés et farinés. Cuire de 45 à 50 min au four à 180 °C (350 °F). Laisser reposer 5 min avant de mettre à refroidir. Renverser sur une grille et laisser refroidir complètement avant de glacer.

Sauce au sucre à crème : Mélanger la crème, le sucre brun et le sucre blanc. Verser dans une casserole et chauffer à feu moyen-élevé jusqu'à première ébullition. Bien remuer pour que la sauce soit homogène. Retirer du feu et réserver.

Crème mi-sure mi-fouettée : Mélanger la crème sure, le quatre-épices, le sucre glace et la crème mi-fouettée. Bien remuer et réserver dans le réfrigérateur.

Lait chaud à la tire d'érable : Dans une casserole, chauffer le lait et la tire d'érable à feu moyen. Dès que la tire est fondue, éteindre le feu et préparer le dressage.

Dressage : Chauffer les gâteaux quelques secondes dans le four ou le four à micro-ondes. Mettre un gâteau dans une assiette individuelle. Garnir avec un peu de crème mi-sure mi-fouettée et de sauce au sucre à la crème. Servir avec un verre de lait à la tire d'érable bien chaud.

Crumble à la banane, glace à la cannelle, gelée de vin rouge et mascarpone

4 portions

Glace à la cannelle : Chauffer le lait et la cannelle dans une casserole à feu moyen-élevé. À la première ébullition, retirer du feu et laisser infuser la cannelle 7 min. Filtrer le lait dans un chinois et réserver. Fouetter vigoureusement les jaunes d'œufs et le sucre dans un bol pour obtenir une crème en ruban. Verser le lait encore chaud dans le bol et remuer 1 min à l'aide d'un fouet. Verser dans une casserole et chauffer 4 min à feu moyen-élevé. Verser dans un autre bol et garder 3 h dans le congélateur.

Crème mascarpone : Mélanger le fromage mascarpone et le sucre glace dans le robot de cuisine pour obtenir une crème lisse. Réserver dans le réfrigérateur.

Gelée de vin rouge : Dans une casserole, chauffer le vin, le sucre, la cannelle et les clous de girofle 5 min à feu moyen. Retirer du feu et laisser reposer à la température ambiante. Laisser infuser à couvert 7 min puis filtrer. Faire ramollir les feuilles de gélatine dans un bol d'eau froide. Bien les essorer avant de les mettre dans la casserole contenant le vin. Verser environ 1 cm (½ po) de ce liquide sur une plaque à bords élevés et laisser refroidir 1 h.

Crumble : Mélanger tous les ingrédients et étendre en une couche de 1 cm (½ po) d'épaisseur sur une plaque. Cuire 10 min au four à 180 °C (350 °F). Laisser refroidir et défaire avec les mains.

Dressage : Une heure avant de dresser le dessert, mélanger la glace à la cannelle dans le robot de cuisine pour obtenir une crème. Remettre dans le congélateur.

• Au moment de servir, mettre un peu de glace à la cannelle dans des coupes à parfaits. Mettre un peu de crumble sur la glace. Couvrir avec un peu de crème mascarpone puis ajouter des cubes de gelée de vin rouge. Intercaler les bananes coupées en deux puis répéter l'opération pour bien remplir les coupes. Servir immédiatement.

INGRÉDIENTS

GLACE À LA CANNELLE
- 250 ml (1 tasse) de lait
- 3 bâtons de cannelle
- 4 jaunes d'œufs
- 2 c. à soupe de sucre

CRÈME MASCARPONE
- 200 ml (¾ tasse) de fromage mascarpone
- 1 c. à soupe de sucre glace

GELÉE DE VIN ROUGE
- 250 ml (1 tasse) de vin rouge assez fruité
- 2 c. à café (2 c. à thé) de sucre
- 2 bâtons de cannelle
- 4 clous de girofle
- 4 feuilles de gélatine

CRUMBLE
- 110 g (⅔ tasse) de farine
- 110 g (½ tasse) de beurre
- 80 g (½ tasse) de sucre glace
- Une pincée de sel
- 80 g (⅔ tasse) de noix concassées

DRESSAGE
- 8 bananes miniatures

Sablés au thym, parfait glacé au pernod et ananas macérés au citron doux

4 portions

INGREDIENTS

SABLÉS AU THYM
- 125 g (²/₃ tasse) de farine
- 1 pincée de zeste de citron
- 80 g (¹/₃ tasse) de beurre ramolli
- 80 g (¹/₃ tasse) de sucre
- 2 jaunes d'œufs
- 1 pincée de sel
- 1 c. à café (1 c. à thé) de thym séché en poudre

PARFAIT GLACÉ
- 500 ml (2 tasses) d'eau
- 120 g (¹/₂ tasse) de sucre
- 3 jaunes d'œufs
- 175 ml (³/₄ tasse) de crème épaisse (35 %)
- 75 ml (¹/₃ tasse) de pernod

BRUNOISE D'ANANAS MACÉRÉE
- 125 ml (¹/₂ tasse) d'eau
- 2 c. à soupe de sucre
- Zeste d'un citron
- Un quartier d'ananas pelé et coupé en brunoise

SIROP AU THYM ET AU CITRON
- 75 ml (¹/₃ tasse) d'eau
- 120 g (¹/₂ tasse) de sucre
- 1 c. à café (1 c. à thé) de feuilles de thym frais
- Zeste d'un citron

PREPARATION

Prenez soin de renouveler vos épices tous les ans pour obtenir le maximum de saveur de vos plats.

Sablés au thym : Mélanger la farine, le zeste de citron, le beurre, le sucre, les jaunes d'œufs et le sel. Pétrir rapidement, rouler la pâte en boule et la mettre 30 min au froid. Préchauffer le four à 200 °C (400 °F). Abaisser la pâte sur 0,5 cm (¼ po) d'épaisseur et la découper à l'aide d'un couteau pour en faire des petits carrés de 5 cm (2 po). Assaisonner le dessus avec le thym. Mettre les sablés sur une plaque beurrée et cuire au four 15 min. Réserver.

Parfait glacé : Amener l'eau et le sucre à ébullition dans une casserole. Compter 1 min puis retirer du feu immédiatement. Battre les jaunes d'œufs au batteur électrique pour obtenir une crème un peu mousseuse. Verser l'eau encore très chaude en mince filet et battre 7 min pour obtenir un mélange très léger ayant la consistance d'un sabayon. Verser dans un plus grand bol et incorporer la crème fouettée aux trois quarts. Ajouter le pernod. Verser ensuite sur une plaque à bords élevés d'au moins 4 cm (1 ½ po) de hauteur puis garder 5 h dans le congélateur. Découper en cercles de 4 cm (1 ½ po) à l'aide d'un emporte-pièce et remettre dans le congélateur.

Brunoise d'ananas macérée : Faire bouillir l'eau, le sucre et le zeste dans une casserole. Dès la première ébullition, verser sur les ananas et réserver dans le réfrigérateur jusqu'au moment du service.

Sirop au thym et au citron : Amener l'eau et le sucre à ébullition dans une casserole. Retirer du feu puis ajouter le thym et le zeste de citron. Verser dans un bol et réserver.

Dressage : Mettre un sablé dans une assiette à dessert. Couvrir avec un cercle de parfait glacé. Répéter l'opération une autre fois puis terminer avec un ou deux sablés. Garnir de brunoise d'ananas et verser un peu de sirop sur le côté. Servir un peu de brunoise d'ananas dans une cuillère sur le côté.

Mille-feuille de litchis et de fraises au chocolat blanc

4 portions

Faites macérer les fraises dans un peu de porto blanc avant le montage des assiettes.

Mousse au chocolat blanc : Fouetter la crème à moitié. Faire fondre le chocolat au bain-marie puis incorporer la crème fouettée en deux fois en prenant soin de ne pas trop mélanger pour éviter que la crème ne tourne. Réfrigérer au moins 1 h.

Mille-feuille : Étendre la pâte phyllo en deux couches en prenant soin de saupoudrer de sucre entre chaque couche. Découper selon la forme désirée et cuire de 8 à 10 min au four à 180 °C (350 °F). Laisser refroidir.

Mélange de fruits : Mélanger les litchis en conserve et les fraises et réserver.

Dressage : Mettre une cuillerée de mousse au chocolat blanc dans des assiettes individuelles et napper avec le mélange de fruits. Ajouter les feuilles de pâte phyllo. Répéter une deuxième fois. Garnir chaque portion avec un litchi frais et une demi-fraise avant de servir.

PRÉPARATION

INGRÉDIENTS

MOUSSE AU CHOCOLAT BLANC
- 250 ml (1 tasse) de crème épaisse (35 %)
- 120 g (4 oz) de chocolat blanc

MILLE-FEUILLE
- 1 paquet de pâte phyllo
- Sucre

MÉLANGE DE FRUITS
- 1 boîte de litchis égouttés et coupés en quatre
- 200 g (1 tasse) de fraises coupées en quatre

DRESSAGE
- 4 litchis frais
- 2 fraises fraîches coupées en deux

Lexique

Al dente

Terme italien désignant le degré de cuisson de pâtes alimentaires fermes ou de légumes croquants.

Blanchir

Cuire un légume à l'eau bouillante quelques minutes pour l'attendrir ou pour enlever son amertume.

Blini

Petite crêpe d'origine russe servie en hors-d'œuvre ou comme dessert.

Brandade de morue

Purée semblable à la purée de pomme de terre préparée à base de chair de morue, d'huile d'olive et de lait.

Brunoise

Façon de découper les aliments en petits cubes de 1 à 2 cm (½ à 1 po).

Carpaccio

Entrée composée de fines lamelles de bœuf cru ou de légumes marinés.

Ceviche

Plat d'origine sud-américaine composé de poisson cru mariné dans du jus de citron.

Chanterelle

Variété de champignon.

Chayote

Courge pouvant se consommer crue en salade ou cuite.

Darphin

Petite galette de légume grillée à l'extérieur et tendre à l'intérieur.

Déglacer

Dissoudre les sucs contenus dans un récipient à l'aide d'un liquide pour obtenir une sauce.

Émulsion

Résultat qu'on obtient en joignant deux liquides qui ne se mélangent pas, par exemple l'huile et le vinaigre, notamment pour la fabrication de vinaigrettes ou de sauces.

Farigoule

Variété de thym sauvage de la région méditerranéenne.

Giraumon

Courge de 1 à 4 kg (2 à 9 lb) riche en eau, cultivée dans certains pays tropicaux.

Granité

Sorbet préparé à la mode italienne.

Gremolata

Hachis d'ail, de zeste de citron, de persil ou d'une autre herbe fraîche.

Macérer

Baigner les aliments dans un liquide (huile aromatique, alcool, etc.) pour que ceux-ci s'imprègnent de son arôme.

Mascarpone

Fromage blanc doux dont la texture ressemble à celle de la crème fouettée ferme. Riche en matière grasse, il s'apparente à la ricotta.

Mesclun

Salade mélangée de jeunes pousses fraîches (mâche, scarole, feuilles de chêne, etc.).

Monbazillac

Vin blanc liquoreux semblable au sauternes.

Monder

Passer un aliment à l'eau bouillante quelques secondes puis, à l'aide de la pointe d'un couteau, le peler tout en le laissant entier.

Moutarde violette

Recette élaborée à Brive au XVIe siècle. Sa couleur mauve provient de ses téguments au moût de raisin, de vin et de vinaigre.

Omble chevalier

Poisson d'eau douce voisin du saumon.

Orzo

Petite pâte alimentaire aussi appelée langue d'oiseau.

Pancetta

Charcuterie italienne à base de porc. Grillée, elle donne du goût aux salades et aux omelettes.

Pignon

Appelé aussi noix de pin. Graine comestible provenant du pin parasol qui pousse en Méditerranée. Utilisé pour les salades, les desserts et le pesto au basilic.

Piment d'Espelette

Piment rouge et piquant d'origine basque. On l'utilise entier, en pâte ou en poudre.

Polenta

Bouillie de semoule de maïs.

Pont couvert

Fromage québécois fabriqué dans les Cantons de l'Est.

Portobello

Variété de champignon à chapeau large.

Ramequin

Petit récipient allant au four utilisé pour servir des entrées ou des desserts chauds ou froids en portions individuelles.

Ratte

Pomme de terre jaune de forme allongée et réniforme.

Ravigote

Sauce ou vinaigrette assez relevée.

Risotto

Apprêt de riz d'origine italienne servi avec divers accompagnements. Le riz est d'abord cuit dans un corps gras, puis dans du bouillon que l'on fait évaporer par étapes successives.

Roquette

Petite feuille à saveur forte qui se mange en salade. Composante traditionnelle du mesclun.

Rouelle

Coupe de viande, de poisson ou de légumes en tranches rondes plutôt épaisses.

Suer

Chauffer un aliment à feu doux pour le débarrasser le plus possible de son eau.

Tatin

Nom donné en souvenir des sœurs Tatin à la tarte aux pommes cuite « à l'envers », sous une couche de pâte. Terme aussi utilisé pour désigner un renversé de légume.

Tomme de chèvre

Fromage de chèvre fabriqué dans le sud-est de la France ou fromage de vache fabriqué en Savoie et en Suisse.

Victor et Berthold

Fromage québécois au lait cru provenant de la région de Lanaudière.

Yuzu

Fruit vert à écorce bosselée semblable au citron vert très utilisé dans la cuisine thaïlandaise.

Index

Index détaillé